# 明日も会えるのかな？

## 群青 3・11が結んだ絆の歌

坂元勇仁

『群青』を共にうたい、『群青』を共に聴き、
「群青の子ら」と共に生きた
すべての皆さんに捧げます。

# 真実のうた『群青』

本山秀毅

世の中には幾万の「歌」がある。その創作のプロセスやそれぞれが持っている情感も様々である。本来、人間の心の琴線に響く領域であるはずの音楽の世界にも、商業主義が色濃く反映される昨今、それとは無縁の「真実の歌」に出会うことはそう多くはない。そしてその歌が「創作」を経たというより「生き様の中から必然的に生み出された」ものであるというような経験は、極めて稀有なものだと言えるだろう。

出会った者全てにそのような思いを抱かせる歌が『群青』なのである。東日本大震災に伴って引き起こされた原発事故がもたらしたもの、おそらくその全てが「負の遺産」となって、ネガティィヴな連鎖を生み続けていることはご承知の通りである。しかしその苛酷な流れに身を任せてばかりはいられないと、敢然と立ち向かう人々がいる。そこには数え切れない多くの思いが渦を巻く。筆舌尽くし難い辛苦の積み重ねの中にも、キラリと光る岩場のツユクサのように輝く瞬間がある。周囲の沈滞した空気に比して、とびきり美しくかけがえのないものとしてわれわれの目に映る。

思いを共有することが出来る歌――『群青』の持つ本質はこのように言い表されるかも知れない。曲の中に難解な言葉遣いや親しみにくい旋律はただのひとつもない。しかしその曲を口ずさみ、耳にするだけで、この言葉に至る人々の思いや、彼ら彼女らを取り巻く環境が、鮮烈に心に眼前に浮かぶ。われわれが日常、心の中に閉じ込めている感性や知識が、音楽の力によって溢れ出し、とめどもなく顕在化する。多くの人が、先入観なしにこの曲に接した時に、思いがけず頬をつたう涙に気づかされる理由がここにある。このような曲は他にそうあるものではない。

私は、合唱作品の中でも特にキリスト教の作品に接する機会が多い。今回全くの偶然とは言え、旧約聖書の『エレミヤの哀歌』を知っていたことで、それが間接的にせよ、『群青』を世に送り出す縁を繋ぐことになったことに大きな感動を覚えている。「知る」ことにより、より深く「感じる」ことができるという私の信条とも合致し、またそれは数千年の時空を超えて、人々の祈りが現代に生きるわれわれに通じるものであったことを証明しているように感じるのである。

本書にも所載されている、彼らの演奏に衝撃を受けた日のことや、その夜に小田美樹先生と繋がった時の心情は、今思い返しても目頭が熱くなる体験であった。音楽を生業としていてこの時ほど良かったと感じたことは他にはないと断言できる。長い人生においてもそうある経験ではない。

このたび、この『群青』の誕生から現在に至る経緯が、坂元勇仁氏のきめ細かな仕事と並々ならぬ尽力によって、世に送り出されることになった。一連の流れは、どのようなドキュメンタリー番組を見るより鮮烈で、映像を見るように、また読者がその場所と時間に居合わせるような錯覚に陥らせるほど、臨場感溢れるものである。

そして何より、この得難い作品を生み出した小田美樹先生の生き方に大きな共感を覚えるものである。読後には、先生の生み出す直截的なエネルギーはもとより、「音楽」の持つ本来の意義、それを「教え」「伝える」ということ、そしてそれらの役割と大きな可能性について幾多の気づきを得るだろう。

一読した後に『群青』に再び接する時は、曲の奥行きがはるかに拡がり、多くの想いが去来するだろう。しかし、はじめて耳にした時そのままの、新鮮な感動が色褪せていないことに気づく。真に普遍の価値を持つ音楽である証左であろう。本書が、決して忘れることのない忌まわしい記憶の中に咲き出た一輪の花を、永遠に記憶に留める助けとなることを心から願うものである。

群青の海

# 明日も会えるのかな？

群青　3・11が結んだ絆の歌

目次

# 群青

詞：南相馬市立小高中学校 平成二十四年度卒業生　構成：小田美樹
曲：小田美樹

ああ　あの町で生まれて
君と出会い
たくさんの思い抱いて
一緒に時間《とき》を過ごしたね
今　旅立つ日
見える景色は違っても
遠い場所で　君も同じ空
きっと見上げてるはず

「またね」と　手を振るけど
明日も会えるのかな
遠ざかる君の笑顔　今でも忘れない

あの日見た夕陽　あの日見た花火
いつでも君がいたね
あたりまえが　幸せと知った
自転車をこいで　君と行った海
鮮やかな記憶が
目を閉じれば　群青に染まる

あれから二年の日が
僕らの中を過ぎて
三月の風に吹かれ　君を今でも思う

響け　この歌声
響け　遠くまでも
あの空の彼方へも
大切な　すべてに届け
涙のあとにも　見上げた夜空に
希望が光ってるよ
僕らを待つ　群青の町で

きっと　また会おう
あの町で会おう
僕らの約束は
消えはしない　群青の絆
また会おう　群青の町で…

# プロローグ

## 芹沢功太の証言

証言

# 芹沢功太

せりざわ・こうた●南相馬市立小高中学校では野球部を経て、合唱部に参加。男声パートの中心として活躍した。

自分、震災の後、福島へ行ったり会津へ行ったりして、五か所くらい転々として、また二〇一一年の十二月に小高中学校に戻ってきたんです。高校進学のこともありましたから。とにかく行く先々であまりうまくいかなくって、こっちに帰ってきてからも「無表情だ」なんて言われ続けました。それはそうだと思いますよ、笑えることなんてなかったんですから。笑っていたら、小高中に戻ってこなかったかもしれません。自分、結構暴れん坊だったんで、仲の良かった友だちとつるんでみんなに悪さをしてたんです。でも、そいつと離れることになって自立っていうか、ひとりで行動するようになりました。そんな時に出会ったのが合唱。自分はもともと野球部だったんで、合唱は中三の夏休みから始めました。あ、自分、アーティストを目指してるんで歌はうまいんです（笑）。で、コンクールに出るって言うんで、『エレミヤの哀歌』っていう曲をうたったんですが、これはあまりピンとこなかった。その後、コンクールが終わって卒業式の前に先生からもらったのが『群青』。これは何か自分たちのことをうたった歌だったからいいなと思った、直感的に。

『群青』を初めて人前でうたったのは二〇一三年三月のハーモニー・フォー・ジャパン。何しろ楽譜をもらったのがその一週間くらい前で、覚えたら本番って感じだったけど、とにかく会場の雰囲気にびっくりした。だって、自分たちがうたい出したらみんな泣いているんですよ。最初は客席の前の方に座っている人たちが泣き出して、今度はそれを見て合唱部の女子たちが泣き出して。いつのまにか、会場中が何か異様な雰囲気になっちゃって、正直、やばいと思いました。でも、自分、泣かなかったんですよ。意地でも泣くもんかって。最後まで泣かないでいたの、自分と小田先生だけじゃなかったかな。それほどみんな泣いた。でも、とても嬉しかった。だって、震災や原発事故のあと、無表情だとか言われながら、自分もずっと緊張してきたし、なかなか人から認めてもらえることもなかった。だからハーモニー・フォー・ジャパンですごい拍手をもらった時は、驚いたし、むちゃくちゃ嬉しかったんです。そんな経験なかったですからね。

『群青』は自分たちの歌なんですよ。自分たちのことをうたった歌。だから『群青』がこんなに広がったのをみると嬉しい反面、ちょっと複雑な気持ちがあるのも本当のところですね。何か自分たちの歌じゃなくなるような気がして。でも『群青』があって良かったです。いろいろと大変なことばかりだったけど、間違いなく、『群青』に何度も救われましたから。

今ですか？　『群青』は自分にとって、何か失敗して、うまくいかなかった時に戻る原点のような歌ですね。何か田舎のばあちゃんみたいな。大切な歌だと思いますよ。ずっとこれからも。『群青』に感謝、っすね。

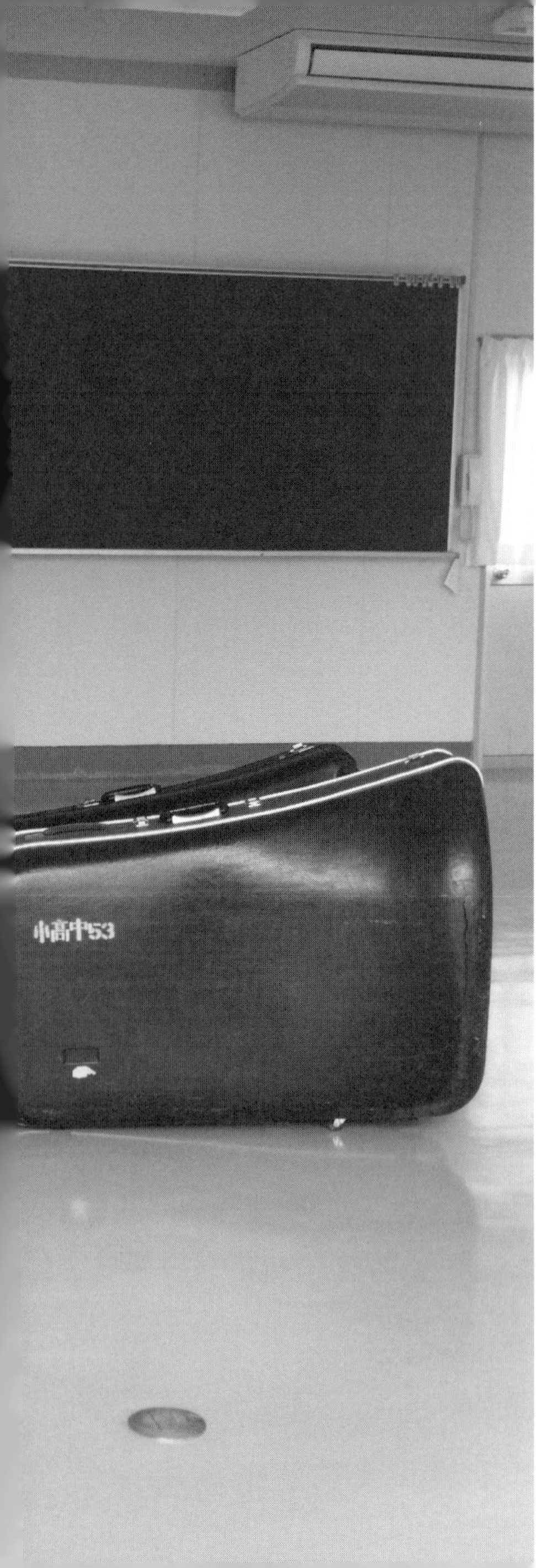


小高中学校本校舎に
残された楽器たち

# 第一章

## 小田美樹の回想 一

あの日はちょうど小高中学校の卒業式の日で、午前中に式を終え、職員で昼食をとりました。午後二時にはいろいろな事情で学校に登校できなかった生徒たちを集めて、校長室でもうひとつの「卒業式」を無事にすませ、ほっとひと息ついたところでした。

そして午後二時四十六分、その時はやってきました。今までに経験したこともないような大きな揺れに私たちは必死に逃げ場を求め、近くにあった机の下にもぐり込みました。少し揺れが収まった頃をみはからって机を出て、周囲に落ちているものを片づけようとすると、また大きな揺れが襲ってきました。「いったい何が起こっているの?」と心の中で叫び続けました。やがて校庭で部活動をしていた先生が消防からの連絡を受けて、「津波が来るぞ!」と叫んでいるのが聞こえてきました。そして私たちは取るものもとりあえず、高台にある小高工業高校に避難することにしました。

高校に到着してみるとすでに近所の方たちが避難されていて、高校生たちが毛布を配ったりして皆さんのサポートをしていました。そして海の方に目をやると津波の第一波が押し寄せているのが見えました。家も車も、そして人も……。あちらこちらから悲鳴が聞こえました。「この世の地獄って、きっとこんな風景なのだろうな」と思いました。第二波が去った後、私たちは一度だけ小高中学校に戻りました。学校自体が避難所となっていたので、片づけをする暇もなく、非難されている方々へ食料品を配ったりしてサポートを続けました。その間も余震が続きました。皆さんどんなに怖かったろうかと今でも思います。皆さんへのサポートと同時に私たちは避難所の皆さんの名簿や各種の案内を作ったりと、休みなく動き回りました。心身に次第に疲労がたまっていくのがわかりました。

私が原町にある自宅に帰宅できたのは十二日の深夜でした。常磐線に乗れば小高からわずか二駅の町ですが、小高ではストップしていた水道が、赤さびや鉄が混入してはいましたが原町では出ていて驚きました。自宅はテレビが転倒していたり、壁にひびが入っていましたが、何とか生活ができる状況ではありました。でも、まもなくそこからしばらく離れなくてはならなくなりました。十二日と十四日に起きた東京電力福島第一原子力発電所の爆発事故によって、私たち南相馬の住民は避難を余儀なくされたのです。小高は原発から二十キロ圏内、自宅のある原町は三十キロ圏内に入っていました。十二日の午後三時三十六分、一号機が爆発した時、どこからか「ボムッ！」という音が聞こえてきたことを覚えています。避難所となっていた小高中学校も十三日には閉鎖されました。電話が誰とも通じず、連絡を取ることすらままならない状態が続いていました。卒業式の後、みんなで携帯の電話番号やメールアドレスを伝えあったばかりでしたので、とてもどかしく思いました。

　私たち家族もしばらく福島市に避難することになりました。三月十三日のことでした。その避難の途中、後に注目される飯館村から川俣町を抜けて福島市に入った時、やっと知人や親類、そして生徒たちからのメールを受信することができたのです。その時、私のメールボックスには七十通ものメールがたまっていました。でもほんの少しホッとする瞬間でした。その時、小高中学校の生徒四名の命が失われたことを知りました。実は当初、行方不明五名との知らせを受けていたのですが、その中の一人は流された屋根につかまり九死に一生を得て、ずぶ濡れになりながら自力で戻ってきたそうです。私は結局、しばらく福島市で避難生活を送ることになりました。原発事故さえなければもっと捜索活動をすることができ、救える命があったのではと思うと、今でも胸が痛くなります。結局、私が学校へ行き、先生方と再会したのは三月二十八日のことでした。もちろんそれは小高中学校ではなく、原町第一中学校の校庭でした。毎日、無我夢中でした。でもいったい何がどうなっているのかすらわからない状況でしたので、茫然自失だったと言った方がいいのかもしれません。本当に何もわからない、先が見えない毎日でした。

そしてそんな中、私たちは四月二十二日に鹿島中学校に移転し、そこを間借りして、新しい学期を迎えることになったのです。私がこの年に担当する学年には九十七人の生徒がいるはずでした。しかし鹿島中学校で新しい学期をスタートした時、私たちの学年の生徒数はわずか七名でした。その後、二学期に入って二十名を超える生徒が戻ってきたため、ようやく学年で三十名を超えるようになったのです。そして年が明けて三月までにあと十八人が戻ってきました。生徒たちは主には福島県内の比較的放射線量が低いといわれる場所に避難して行きました。近いところでは相馬市や飯館村に行った子もいます。でも、もっと遠いところへ故郷を離れて行った子どもたちもたくさんいました。東京や大阪といった大都市はもちろん、遠くは長崎や大分、北海道へも避難しました。昨日まで一緒に勉強したり、遊んでいた仲間が突然いなくなる悲しさやつらさはどんなに言葉を重ねても、いいえ、重ねれば重ねるほど増していきました。

この頃の自分ことは正直言うとあまり覚えていないんです。いったいどこで何をしていたのか、どこからか記憶の塊が抜け落ちているかのようです。ですから、自分では「あの時、こうだった」と思っていても、当時の生徒たちから「先生、そうじゃないよ。それはもっと後のことでしょう」と訂正されることは今でも少なからずあります。

2017.1.2 原町区

私は五月から音楽とともに美術の授業を受け持つことになりました。でも、そのような精神状態ですし、現実的に学校には何の道具もありませんでしたので、何をやればいいのか皆目見当がつきませんでした。仕方なく考えたのが、インターネットから白地図をダウンロードして、それを拡大して、大きな日本地図を作ることでした。そして私たちはその白地図の上に、今、学校にいない子どもたちの写真を一人ひとり貼っていきました。写真は震災以前に撮影してあったものがありましたので、それを使うことにしました。写真は東北地方だけでなく、関東や関西、そして九州や北海道の上にも次々と貼られていきました。ちょうどその時です。生徒たちが

こんなことをつぶやき始めました。

「遠いね」
「どうやったらそこへ行けるのかな」
「でも私たちはつながっているじゃん」
「だって空はつながっているから」

それは偶然思いついた、苦し紛れの授業でした。でも私の中にはこれらの言葉が強烈な印象、記憶として残りました。地図の上でも、いや、今は地図しか頼るものがないけど、この子たちはこうやって気持ちをつないでいる。そのことが私にも大きな力を与えてくれたのです。

実は私たちが間借りをしていた鹿島中学校には小高中学校以外に三つの

中学校の生徒たちが一緒に生活をしていました。原町第二中学校、原町第三中学校、そして石神中学校です。避難によって生徒数が激減していたとは言え、もともとひとつの中学校だった、極めて限られた空間に五つの中学校が入る。これは精神的にとても厳しい状況を迎えることとなりました。ただでさえ思春期の子どもたちです。震災や原発事故がなくて、普通に生活していても、いろいろとトラブルは起こります。それがそれぞれ異なる生活習慣を持つ五つの学校の生徒が一緒に生活をするわけですから、それはそれは想像を絶する大変さでした。結局、私たち小高中学校の教職員と生徒は、十一月に現在の仮校舎が鹿島小学校の中に完成するまで、そこで過ごすことになるのですが、とにかく学校の中は荒れに荒れました。

二〇一一年のうちに徐々に生徒が戻ってはきましたが、それはみんな故郷の小高中に戻りたいと思って帰ってきたわけではありません。その多くは避難先でいじめにあったり、現地の生徒との人間関係がうまくいかず、泣く泣く戻ってきた子どもたちが大半を占めました。逆に言うと、避難先での生活に馴染んだ子どもは小高に帰ってくることはありませんでした。子どもたちがどれほど過酷な生活を送ったのか、それだけでもわかっていただけると思います。私自身振り返ってみても、あの年どんな授業をしたのか、生徒たちとどんな話をしたのかよく覚えていないのです。記憶がすっぽり抜け落ちているとでも言えばいいでしょうか。教師である私がそんな状態ですから、特に春先は授業そのものが成立しませんでした。

生徒たちの状況もあり、とにかく喫緊《きっきん》の課題として優先的にやらなくてはならなかったのが、子どもたちのガス抜きでした。授業ではうたうなんてとてもできるような状態ではありません。何とか手持ちのＤＶＤを見たりして気分を紛らすしか方法がありませんでしたし、もっと正直に言えば、とても私ひとりの力では五十分の授業をもたせることすらできなかったのです。実は生徒たちが一学年の生徒数が四十名くらいになった時、クラスをふたつに分けました。いえ、分けざるを得なかったのです。子どもたちの心が荒《すさ》び、絶えずもめたり喧嘩したりと学校生活を維持することができなくなっていました。学力向上なんて言ってはいられませんでした。まずは生徒同士、そして生徒と私たち教職員との人間関係を再構築しなくてはならない状況に直面していたのです。ですからこのクラス分けは学校内の人間関係をもう一度、作り上げていくための深い配慮に根差したものだったのです。でもそれでも全く足りませんでした。本当はたった四十名の生徒に対して七つ、あるいは八つのクラスが必要でした。それほど学校の中は荒廃していました。

十一月二十一日に鹿島小学校にできた仮校舎に私たちは移ることになり

ました。やっと小高中学校だけの生活を取り戻すことはできたのですが、荒んでしまった子どもたちの心はもとに戻ることはありませんでした。音楽の授業では相変わらず子どもたちはうたうこともできず、歌詞もただ口から言葉の羅列として発せられるだけで、歌と呼ぶには程遠いものでした。いたずらに毎日が過ぎていきました。そして悪夢のような、あの二〇一一年が暮れ、二〇一二年を迎えました。

子どもたちの気持ちを変える出来事がありました。テノール歌手の本田武久さんが小高中学校を訪問して、歌をうたって下さったのです。本田さんは私の母校山形大学出身で、大学を卒業後しばらく教職についていらっしゃいましたが、演奏活動への情熱やみがたく一念発起して東京藝術大学への入学を果たし、卒業後は演奏活動をされていました。二〇〇七年に胞巣状軟部肉腫を発症し、その後、癌との闘病生活を送りながらうたい続けた方です。二十四時間テレビなどでも本田さんの活動が取り上げられましたので、ご覧になった方も多いと思います。ある時、私がテレビで本田さんの姿を見て感動し、彼に「夏休みが終わったらがんばりたい」とメールを送ったことがきっかけとなって、二〇一二年一月に来校して下さることになったのです。来校前、子どもたちにも事前にビデオで本田さんの歌を聴いてもらいました。小高中学校を訪問された時、すでに本田さんは右足の切断手術を受けて義足で歩行をされていました。震災後、被災地にはとても多くのボランティアやアーティストの方が来て下さいました。それはとてもありがたく、嬉しいことでした。でも、私たちが住む南相馬は常磐線が断絶したことや放射線量の問題などもあって、次第にそれらの方たちの足も遠ざかり始めていました。とても有名なアーティストの歌を聴きに子どもたちが足を運ぶこともありましたが、それはあくまでも一過性のイベントであり、子どもたちの心に深く響くものではありませんでした。そんな時、本田さんが訪校して下さったのです。これは本当に嬉しいことでした。

小高中学校の生徒たちは震災前、歌がとても好きでした。合唱の授業でも大きな声でうたってくれました。歌好きな子どもたちだったのです。本田さんの歌はそんな小高の子どもたちが持っていた歌への情熱に再び火をつけてくれたように感じました。本田さんの歌を聴いたのは当時の一年生、二年生が中心でした。みんな体育館に集まって聴いたのですが、やせ細った身体で、しかも義足で子どもたちに向かって精一杯うたって下さる姿を見て、生徒たちも自分たちが置かれた状況と重ね合わせながら、本田さんのうたう姿に引き込まれていったようでした。

とても悲しいことに本田さんはその年の十一月に亡くなられました。まさに命を削りながら、一曲一曲を愛おしくうたわれていた姿は本当に感動的でしたし、何よりも子どもたちに、歌を通して、生きるためのたくさんの「気づき」を下さいました。このことはどんなに感謝してもしきれません。子どもたちが一番感動した曲、それは『翼をください』でした。震災と原発事故により故郷や生活そのものを奪われた子どもたちと、身体の機能を少しずつ失いつつあった本田さんの想いがともに「翼」に託され、もっと自由に空を飛びたいという気持ちと重なったのではないでしょうか。

生徒たちに変化がほんの少しですが訪れました。やっと歌をうたってくれる兆しが見えはじめたのです。今思うと、きっと私自身がうたうことから逃げていたのだと思うのです。でもさすがにこの状況を続けることはできない。どこかで避け続けてきたことに真正面から向き合って、やるべき

本田武久コンサート
〜もし僕のうたに翼があったなら〜

ことをやらなくてはならない――そのタイミングと本田さんの来校が重なりました。

時は一月を終えようとしていました。3・11から一年を迎え、また卒業式のことをあれこれ思い巡らす季節がやってきました。

卒業式に『あすという日が』をうたおうと決めたのは私でした。確か、学校宛に卒業ソングが収録されたCDと楽譜がどこかの会社から送られてきて、その中から選んだと記憶しています。もちろん、震災直後、仙台市の中学校のこの曲をうたった映像がNHKのニュースで流れたことで、この曲が全国に広がったことは知っていました。その意味からも卒業式でうたうのにちょうどいいと考えたのです。結果的にその選択はあの当時の小高中学校にはふさわしくないものであったことが後々わかりました。私はとても後悔しましたが、その時はごくごく「普通」の選択をしたと考えていました。私は子どもたちが「普通」の状況にないことへの配慮を忘れていたのかもしれません。もしかすると本田さんが来て下さって、生徒たちの心が少しほぐれたことで、私自身がどこかで安心してしまったのかもしれません。「もしかすると、あの子たち、うたえるかも」と。

でも結局はそれは私のひとりよがりでした。たしかに本田さんの来校以前と比べると、徐々にうたうことができるようになっていたことは間違いありませんでした。でも、だからこそ、私はきちんとした選曲をすべきだったのです。『あすという日が』は山本瓔子さんの詞に八木澤教司さんが作曲し、二〇〇六年に発表された曲です。ですから、もともと復興ソングと呼ばれる曲ではありませんでした。それが全国に広がったのはＮＨＫという大きなメディアの力とそして曲の持つメッセージ性によるものだったと思います。

「あすという日があるかぎり　しあわせを信じて」「あすという日がくるかぎり　しあわせを信じて」というフレーズを私も何度も聴き、この曲であれば卒業式にぴったりだと考えました。でも、違ったのです。この曲は希望と未来をうたっているのです。しかし、私の目の前にいる子どもたちは、いつ復興できるかすらわからないこの地に生きているのです。希望も未来もありませんでした。あるのは絶望ばかり。そんな子どもたちに私は希望の歌をうたわせてしまったのです。卒業式はとても残念な結果に終わりました。私は子どもたちにただ、大声で歌をがなり立てることを強いてしまったのです。悲しい卒業式でした。実は、この年の卒業生たちとは残念ながら、卒業後、深く交流することができませんでした。もちろん気になっている子も何人かいるのですが、私自身の深い悔恨の思いが強く、今でも心を開くことができないままでいます。

心に何か重石でも載せたような気持ちで新しい年度を迎えました。そして、この年に『群青』が生まれることになります。卒業式での大失敗はあったものの、子どもたちに「うたう喜び」が戻りつつあることは確かでした。学校の中では相変わらずいろいろな問題がありましたが、少しずつですが落ち着きを取り戻しているようでもありました。避難先から小高中学校に戻ってきた生徒たちは、それぞれに問題を抱えている子どもが大半でした。避難先でのいじめや原発事故によるいわゆる風評被害、そして良好とはいえない人間関係など、その背景はさまざまです。中にはいったん故郷に戻ってきたのはいいものの、ここでもトラブルを起こし、再び、新しい土地へと去っていく子もいました。そんな重く、つらい日々をこの新三年生たちは見続けてきました。荒れ続けた学校の中で、この子たちはいわば、荒れ

たくても荒れることのできない圧迫された日々を過ごしてきたと言っても
いいと思います。

### エレミヤの哀歌　本山秀毅

震災後、二回目となる今回の福島県大会に、何と、たった一校、この地域から、南相馬市の中学校が参加していたのである。二十人ほどの混声合唱で、演奏曲はアメリカの現代作曲家ストループの『エレミヤの哀歌』であった。

**おお、すべての道行くものよ、立ち止まって見てみなさい**
**私の苦しみに似た苦しみがあるかどうかを**
**神よ、憐れみ給え、そして心に憶えたまえ**

この情感豊かなテキストを、彼らは、ある時は激情と共に、またある部分は嘆願するかのごとく、全身全霊で歌いあげた。（中略）肉親を亡くした生徒や避難生活で離散した友人も多いことだろう。それでも僅かずつ声を合わせて歌う時間を作り、目標に向かって手をたずさえて今日を迎えた彼らの演奏。それだけでも本当に貴重なものだが、歌われた作品が上述のようなテキストを持つものであったことが、印象をより強いものにした。会場で聴いていた中学生の合唱仲間には、歌詞の理解がないとメッセージは伝わりにくかったかも知れない。しかし日本語の直接的な歌詞の曲ではなかったことが、私にとってはより崇高な感動をもたらしてくれた。「凄かった」とか「感動した」というような言葉がどれも当てはまることのない、今までに聴いたことのないような心持ちになった。もちろん、選曲の趣旨は歌った彼ら全員に浸透していて、そのことが明確に発信された極めて訴求力のある音楽だった。誇り高く歌う彼らの姿から、この曲に思いを託すことで励まされたり、慰められたりしているのがはっきりと拝察できた。先生の指揮の、音を保つ際の小刻みに震える動きからは、この瞬間に賭ける強い意志が伝わってきた。

**本山秀毅のフェイスブック（二〇一二年九月一日）より抜粋**

66回 福島県下小・中学校音楽祭（第1部合唱）
79回 NHK全国学校音楽コンクール 福島県コンクール
主催／福島県音楽教育研究会・NHK福島放送局

# 第二章

## 小田美樹の回想 二

2012. 9. 1『エレミヤの哀歌』

私は新学期が始まった時、大きな目標を立てました。それは「夏、合唱コンクールに出よう！」という目標でした。とは言っても、まだまだ生徒数が少ない小高中学校で、充分な合唱の課外活動をすることは難しい状態でしたので、私は自分が担任を務めるクラスの生徒を中心にして、特設の合唱団を作り参加することにしました。選曲についてはとても迷いましたが、最終的にアメリカの現代の作曲家ストループの『エレミヤの哀歌』を選びました。実はこの曲は以前、会津若松市の一箕中学校がうたうのを聴いて圧倒された経験があり、いつか私もチャレンジしたいという想いがあった曲でした。また、テキストがラテン語であったことも選曲した理由のひとつでした。というものまだこの頃、生徒たちに日本語の歌をうたわせることに私自身抵抗感があったからです。母国語である日本語の歌を、です。それほどまでに、生きることにリアリティを持つことができなかったと言えるのかも知れません。

そして私にはこの曲を選曲したもうひとつ大きな理由がありました。『エレミヤの哀歌』は旧約聖書エレミヤ書にある予言者エレミヤによる哀歌で、新バビロニアによるエルサレム炎上とそこから続くイスラエル人のバビロン捕囚を悲しんで書かれたと言われています。私は今、これまで誰も経験したことがないこの苦難の中にいる子どもたちに、自分たち自身の姿と「哀歌」の背景となった風景とを重ね合わせ、その想いをうたい上げて欲しい、そう思ったのです。もちろん生徒たちには曲の背景となった旧約聖書の物語のことは話しましたが、具体的にこの「哀歌」のどの部分と自分たちの姿を具体的に重ね合わせるのか、といったことについて説明した記憶はありません。子どもたちにはただこの素晴らしい音楽にどっぷりと浸かってもらいたいと願いました。核心の部分は私の胸に秘めておけばいい、きっと誰もわかってはくれないだろう――それがその時の偽らざる想いでした。でも、私のそんな想いを打ち崩す出来事が生じたのです。

二〇一二年九月、子どもたちはひと夏をかけて練習に励んだ『エレミヤの哀歌』を持って、福島県合唱コンクールに臨みました。結果は銅賞をいただきました。あの状況下で本当によくがんばってくれたと思います。私の胸の中にしまっておいた想いもこれでひとつの成果を得たように感じていました。

コンクールの直後、その日の夜だったと思います。私は何とかコンクールを終えたことに安堵し、少しだけ息をついていたところでした。友人からかなり興奮した様子で電話が入りました。彼女が言うには、小高中学校の演奏を聴いた審査員の本山秀毅先生が私たちのことをフェイスブックに書いて下さっているから、「とにかく早く見なさい！」とのことでした。私はとてもびっくりしたのと同時に、金賞を取ったわけでもないのにまさか、と半分は疑っていました。

早速フェイスブックにアクセスしてみました。彼女の言う通り、本山先生が小高中学校について書いて下さっていたのです。

完全に見透かされていました。

本山先生のこの投稿を読んで私は「誰にも私たちの気持ちをわかってもらえないだろう」と考えていたことを恥ずかしく思い、本山先生の洞察力の深さに感激したのです。私はとにかくこのように私たちの演奏を聴いて下さり、その感想を書き連ねて下さった本山先生に感謝の気持ちを伝えたいと思い、次のようなメールをすぐに書き、お送りしました。

「今回の小高中の合唱部は、私の担任する三年一組の生徒を中心に構成された、ほぼ学級合唱の状態です。演奏そのものは自慢できるようなものではありませんが、小高から避難して散り散りになった仲間や地元の人たちに、私たちが元気でがんばっていることを伝えたくて三年生の女子全員と私のクラスの男子ががんばりました。(中略) 本山先生の記事を読ませていただき、誰にも伝わらないだろうと思っていた楽曲に対する想いやこれまで生徒たちが抱えてきたことを、丸ごと受け止めていただいたように感じ、ただただありがたく涙が溢れる想いです。生徒たちにも読み聞かせたところ、肉親を亡くし、学年の仲間もふたり津波で亡くしている彼らは涙を浮かべていました」。

これが私の精一杯の感謝の気持ちを表現する方法でした。そしてこのやり取りが『群青』が生まれる第一歩となったのです。

二学期を迎えたある日のことでした。ハーモニー・フォー・ジャパンの事務局を取り仕切っていらっしゃるパナムジカの服部敏さんからご連絡をいただきました。来年（二〇一三年）三月に開催される「ハーモニー・フォー・ジャパン２０１３」で演奏しませんか、というお誘いでした。私たちの『エレミヤの哀歌』を発見し、発信して下さった本山秀毅先生もプロジェクトのメンバーであり、音楽監督を務めていらっしゃる会でしたので、先生に感謝の気持ちを伝えるためにもお引き受けすることにしました。もちろん生徒たちは大喜び、学校や保護者も背中を押してくれました。

予想はしていましたが、ハーモニー・フォー・ジャパンからは『エレミヤの哀歌』を演奏して欲しいとのご要望をいただきました。もちろん、それは了承しました。それからもう一曲は子どもたちが大好きなＮＨＫ学校音楽コンクールの課題曲『ｆｉｇｈｔ』を選びました。でも、何かもうひとつ足りない、そんな気がしていました。何か自分たちのことを表現できる曲はないか……。その時に思いついたのが、その年の卒業式でうたう「卒業ソング」を作ることでした。実はハーモニー・フォー・ジャパンのコンサートが三月九日と十日、私たちの卒業式はその三日後の三月十三日に控えていたのです。ですから、もしコンサートで発表できれば、卒業式のいいリハーサルにもなると私は考えました。そしてもうひとつ、私には前年の卒業式での失敗が心に残っていました。もしかすると一生、故郷に戻れないかもしれない子どもたちに、未来への希望を謳った歌を卒業式でうたわせてしまった、その後悔の念です。それのリベンジを何とか今の学年で果たしたい、そう願いました。

私たち小高中学校を象徴する言葉として「群青」があります。群青色の「群青」です。でも、これはスクールカラーではありません。本来、小高区は紅梅の里と呼ばれ、美しい紅梅の色であるエンジ色がスクールカラーに指定されています。にもかかわらず、小高の人たちはそれよりも「群青」という色に誇りを持っているのです。きっと小高の町から眺めることできる青々としたあの海を指しているのだろうと思います。実際に小高中では文化祭は「群青祭」、野球チームは「小高群青クラブ」と名づけられています。いわば「群青」は小高の人々をつなぐ絆の言葉なのです。

私は卒業式でうたう歌として、まずこの「群青」をテーマにしたいと思いました。そして『群青』というタイトルの卒業ソングを一生懸命探しましたが、残念ながら見つけ出すことはできませんでした。もちろん『群青』というタイトルの曲はありましたが、内容がまったく違う。悩みに悩みましたが、もし本当にふさわしい曲がないのであれば自分たちで作るしか方法がないという結論に達したのです。もちろんタイトルは『群青』、これだけは決まっていました。でも私はその時、まだ子どもたちにそのことを伝えていませんでした。
『群青』を作るためにはまず詩が必要でした。いろいろと考えたのですが、私は生徒たちの言葉の断片を集めて、それを再構成して詩を作ろうと思いました。震災直後、教室の白地図に生徒たちの顔写真を貼りつけていった、あの時のことが思い出されました。

「遠いね」
「でも空はつながってる」
「飛べばいいんだよ」

私は自分で記憶している子どもたちの言葉を書きとめ、生徒たちが書いた日誌、夏休みに提出した作文などからできるだけたくさんの言葉を拾い出しました。

『群青』はどのくらいの時間をかけて作ったのですか、とよく尋ねられます。これについてははっきり覚えているのですが、子どもたちの言葉を集めた後、コラージュするのにだいたい二週間ほど使いました。一方、曲は一日でほぼ仕上げました。決して練って練って作曲したわけではありません。ただ、作る前に曲のイメージだけは持っていました。それは「長調で書く」「卒業式、つまり祝典にふさわしい曲にする」ということでした。サビが先にできました。「あの日見た夕陽　あの日見た花火～」の部分です。サビの一部にだけ三声のハーモニーを付けましたが、あとはユニゾンです。子どもたちの言葉に音符に乗せながら、サビ前のメロディを紡いでいきました。試行錯誤してやっとオリジナル版の『群青』ができあがったのは、二月が終わりかけていた頃で、ハーモニー・フォー・ジャパンまでほとんど時間がありませんでした。実はこの年の二月の初めに本山先生が小高中学校を訪問して下さいました。二月八日のことでした。この時はまだ『群青』は影も形もありませんでしたし、ハーモニー・フォー・ジャパンでの、あの感動を私も子どもたちも予想すらしていませんでした。

ハーモニー・フォー・ジャパンまでほぼ一週間となった頃、何とか歌が完成しました。何も知らない子どもたちはびっくりしていましたが、楽譜を受け取り、練習を始めました。自分たちのことをうたったオリジナル曲ということもあって、すぐに覚えてくれました。大変だったのはピアノ伴奏です。合唱の部分はできあがっていましたが、その時点でピアノ伴奏パートは何にもできていませんでした。本番当日は私が指揮をして、生徒がピアノを弾くことになっていましたので、私は細切れに楽譜を書き、書いたらすぐにピアニストに楽譜を渡すという方法で日々をつないでいったのです。「はい、これ」「はい、お願い」というように。

実はオリジナル版にも間奏が入る予定でした。イメージもすでにできていましたので、できれば入れたかったのですが、残念ながら時間切れでした。すべての楽譜が揃ったのは、京都に出発する直前でした。

二〇一三年三月九日、私たち小高中学校合唱部は京都府長岡京記念文化会館に降り立ちました。会場は関西圏を中心に多くの合唱団員やコンサートを聴きにいらした方たちで溢れ返り、ものすごい熱気に包まれていました。東北のことを思って下さっているお気持ちがとてもありがたく、嬉しく思いました。

「私たちの合唱が皆さんに届くだろうか」

私も生徒たちも本番直前まで不安な時間を過ごしました。特に『群青』

貴船神社の紅梅

宝蔵寺の白梅

は急いで作った曲でしたので、きちんとチェックもできておらず、いったいどうなるだろうと思い、緊張の度合いがますます高まっていったのです。実はリハーサルの時から少し『群青』に対する特別な視線というか、緊張感を背中で感じてはいたのです。でも、それがいったい何なのか、その時はわかりませんでした。そしてついに本番の時を迎えたのです。

私たちが用意していった曲は『エレミヤの哀歌』、『ｆｉｇｈｔ』、そして『群青』の三曲でした。結果的には『群青』に注目が集まったような印象となってしまいましたが、私たちにとってはむしろ、本山先生が評価して下さった『エレミヤの哀歌』をきちんと演奏することが大きな目標でした。『群青』はあくまでも数日後に予定されている卒業式で披露するための祝典の曲、卒業ソングでしたから。

『群青』の演奏が始まった時、私はとにかくこの曲を最後までうたい切ることを目標にしていました。何しろほんの数日前にできあがった曲でしたから。子どもたちは暗譜をして本番に臨みましたが、私は必死でした。でも、途中でうたっている子どもたちの様子が変だと気づきました。みんな泣いていました。泣きながら必死にこらえてうたっていたのです。

あとで生徒たちに聞いたところ、『群青』が始まってすぐに会場からすすり泣きの声が聞こえ、見ると会場の皆さんが目にハンカチを当てながら聴いて下さっていたというのです。私は会場に背を向けていますから、その様子を見ることはできず、背中で感じるしかありませんでした。そしてその状況は指揮台を降りて客席に挨拶をした時に初めてわかりました。たくさんの拍手と涙、そして笑顔。私たちのメッセージが会場を埋めた聴衆の皆さんの心に届いたことを身体全体で感じた瞬間でした。

# 証言　中島鈴奈

なかじま・れいな●南相馬市立小高中学校では合唱部の副部長を務め、震災後はその存続に大きな力を注いだ。

『群青』の中に「『またね』と手を振るけど明日も会えるのかな」っていう歌詞がありますよね。あれ、私と友だちの齋藤舞子さんが言った言葉なんです。震災の後、放課後に舞子とふたり、学校から帰りたくなくっておしゃべりしていたら小田先生が「おしゃべりしてないで、さっさと帰りなさい！」と言われたので、「先生、何言ってるの？　明日もう会えないかもしれないんだよ！　会える保証なんてどこにもないんだよ！」って言い返したのを先生が覚えていたんだと思います。

「花火」のことは私も書きました。「また会おう群青の町で」は舞子の言葉です。『群青』は中学三年生の時、卒業式の前に突然楽譜ができてきて、びっくりしました。でも歌詞を読んでいたら、大好きな小高の町の風景が描かれていたのでとても嬉しくなりました。うたっている時も自分たちが話したことがよみがえってきて、泣きながら何度も何度もうたいました。きっと自分や舞子、友だちの言葉だったので、音楽がスーッと入ってきたんだと思います。

『群青』は私にとって誇りです。だって大好きな小田先生が私たちのために作ってくれた私たち仲間の歌ですから。

私、『群青』からたくさんのことを学んだ気がします。家族や友だちの大切さ、かけがえのない故郷の大切さなどです。それほどインパクトのある存在です、『群青』は。

だからかな、高校では小高中学校で合唱をやったみたいに打ち込めることがありませんでした。少し寂しい高校生活でした。私はやっぱり小田先生と合唱がやりたかったんです。『群青』を初めてうたった時、広い会場ですごく緊張したけど、小高のことを知って欲しくて一生懸命うたいました。何度も涙が込み上げてきたけど、何とかうたい終えることができました。でも、安心したのか舞台裏ではみんなで号泣。もちろん私も泣いちゃいました。卒業式でも『群青』をうたいましたけど、合唱部だけでなく、仲間み

んなとの別れだったので、もうずっと泣きっぱなしでした。『群青』は今でも私たちが頑張っていることをたくさんの人に知ってもらうための私たちの手紙みたいなもの。私の宝物なんです。

小高中学校仮校舎（南相馬市鹿島区）

# 小田先生という生き方　本山秀毅

スポーツ、音楽そのほか「習い事」全般について、師事する人が重要であることはいまさら言うまでもない。音楽の場合、個人で特別なレッスンを受ける場合はその選択は比較的自由であるが、義務教育の中で音楽に接する場面を考える時、音楽教師との出会いが「運命」を感じさせるものになることがある。生徒や児童らは「音楽の教師」を選ぶことが出来ない。そして多くの時間数が割り当てられていない「音楽」という教科には複数の教員が配されることは稀で、その学校にいる限りその教師ひとりを通してのみしか音楽がもたらされない、という状況が生まれる。もちろんこの情報のあふれる時代にあって、子供らが音楽に触れる機会は学校だけではないが、教師が音楽に関する数少ない「入口」になっていることは言うまでもない。そしてご承知のようにその入口によって、音楽嫌いになる者から、一生を音楽の世界に捧げる者も現れることになるのだから、全く不思議な縁である。

第一印象がどちらかといえば控えめな小田先生は、実は歌わせると上から下までカヴァーする素晴らしく豊かな声を持っておられる。ステージでは指揮をされるだけなのでなかなか聴く機会はないが、私は学校へ伺った時の練習中に何度か拝聴している。これは私の想像であるが、その守備範囲は極めて広く、端正なスタイルのものから、おそらくご本人も好んでおられるポップス、ゴスペルの類、はては演歌に至るまで情感を込めた素敵な歌を披露されると拝察する。

ピアノは、というとこれまたきわめて幅広い表現を備えておられる。もともとピアノを専攻されたいとの希望を持っておられたと聞いたが、過去のことは大きな問題ではない。今、ピアノからどのように発信されるかなのだ。この週末の福島の生徒らの『群青』の合同合唱を支えられた先生のピアノにはあらためて驚愕した。その低音の迫力は力任せだけでは表現できない豊かな響きがあり、また旋律の歌いまわしの巧みさ、温かさは深い想いがなければ発し得ない音であった。技術を超えた音楽がそこには存在していて、これらはある意味、目に見える技術をあくまでも「手段として用いて」「感情を、ピアノという楽器を通して表現できる」という領域の高みにまで達していることを感じさせるものであった。

そしてもうひとつ忘れてはならないのは「作曲」についてである。先生は、学生時代に藤原義久先生に作曲を師事されたとのことで、実は私も作品を演奏することで知己を得ており、思いがけず共通の話題で盛り上がったことがある。当時習われたのは、基礎的な内容だったのかも知れないが、「曲を作る」という意義と発想を、しっかり自分の中に取り込んでおられるという点は素晴らしい見識であろう。もちろん先生の深い思いがあってこそなのだろうが、何かを達成するためには、その「思い」に経験や知識、技術が上手く繋がることがいかに大切なことかを思い知らされた。

特設合唱部以外の生徒にどのように先生が接しておられるかは知る機会は多くはない。今回、舞台での短いインタビューの時に、感極まって隣にいた私が聞き耳を立てねばならないほどこみ上げておられた場面があった。その様子を見た前方の客席にいた生徒たちが、次々にしゃくりあげるのを目にして「ああ、この先生はほんとに常に子供たちと共にいらっしゃったのだ」と強く感じることになった。

先生から、かつての吹奏楽部の隆盛を知る保護者から、卒業式などの式典で吹奏楽の復活を強く求められることがあるとのお話を聞いた。もちろん震災前の形態に戻るという意味においてそれは復興の一つの形であるかもしれない。どちらに価値があるというような話では全くない。ただ、震災後、その困難な状況の中から新たに生み出されたものにも目を向け、耳を傾けていただくときに、そこにはそれを乗り越えて咲き出した確固とした「音楽の力」が示されていることに気付くだろう。そして『群青』が生み出す共感の輪は、小高中学校の生徒はもとより、全国にその歌声を通して広がっていることは紛れもない事実なのである。

震災後四年を迎えるにあたって、今改めて「小田先生という生き方」を振り返る。そこにはわれわれが音楽と関わりを持ちながら生きてゆく上で、課題となりまた糧となる多くの示唆を含むと思われるのだ。

**本山秀毅のフェイスブック(二〇一五年三月十一日)より抜粋**

# 第三章　小田美樹の回想　三

ハーモニー・フォー・ジャパンの熱狂が冷めやらぬ中、私たちは南相馬に帰ってきました。そして卒業式を迎え、無事に『群青』を披露することができました。私が「群青の子ら」と呼ぶ生徒たちとの別れは本当につらいものでした。みんな大きな声で『群青』をうたってくれました。うたい終わった後、男の子も泣き崩れました。「先生、『群青』は三年間うたった中で一番いい歌だね」と言ってくれる子もいました。私はその時、心の底から『群青』を作って良かったと思いました。「群青の子ら」は私にとって特別な想いのある学年です。この子たちと一緒に、私も被災者のひとりとしてともに闘ってきたのです。この子たちは言ってみれば私の身体の一部です。私は卒業式の時、思わず「行かないで！」と叫んでしまいました。まるで身体ごともっていかれるような想いでした。でも、子どもたちはここから旅立っていかなくてはならない。晴れ晴れとしているけれど哀しい、そんな卒業式となりました。

実は私には生徒たちに果たさなくてはならない仕事がありました。それはハーモニー・フォー・ジャパンのコンサート終了後すぐに、『群青』を出版したいとのお話をいただいたのです。しかも『群青』の初演を当日、会場で聴いて下さった信長貴富先生が編曲をして下さるとのことでした。いったい何が起こっているのか私にはよくわかりませんでした。でも、昨日までは考えもしなかったことが確実に生じつつあることだけは間違いありませんでした。

『群青』が出版されることについて、私には嬉しいと思う反面、強い戸惑いもありました。というのも、『群青』はもともと小高中学校の生徒たちがうたうことを前提に作った曲であり、不特定多数の方たちがうたうことになるなんて想像すらしていなかったからです。あそこに書かれている言葉の一つひとつは小高の子どもたちが紡いだものであり、私の目の前にいる子どもたちのための曲と考えていたからです。

例えば、『群青』は♭《フラット》が四つ付いた変イ長調で書きました。普通の卒業ソングにはあまりない調だと思います。どうしてこの調で書いたのかと言えば、それはあの当時の子どもたちが一番うたいやすい調だったからです。それ以外の理由はありません。あの調でなければうたえなかったのです。つまり現場の事情がありました。またよく質問されるのですが、歌の初めにある「ああ」という言葉にも理由があります。『群青』の歌詞は生徒たちの日記や作文、あるいは日常会話やつぶやきから私が集めコラージュしました。そのためにもまずはたくさんの言葉を集める必要がありました。そしてそれらを組み合わせたりしながらひとつの流れを作っていったのです。ですからひとつのフレーズの中で隣り合っている言葉が、もしかすると別々の生徒が書いたり、つぶやいた言葉の場合もあるのです。そんな方法で『群青』は作られましたので、当然、捨てなくてはならない言葉がたくさんありました。いえ、むしろそちらの方が多かったのです。でも、このまま捨ててしまうのは残念だ、何とかこれらの言葉たちが「あった」という証を残したい、私はそう考えました。そしてそのひとつのやり方として、詩の冒頭に「ああ」という言葉を付けたのです。ですから、あの「ああ」は詩に入れることができなかった言葉たちが寄り集まったものなのです。『群青』には細部にわたって小高中学校の生徒たちと私の想いが込められているのです。

このように小高中学校の子どもたちのために書いた曲を、不特定多数の方たちにうたっていただくこと、そのことに私はとても戸惑いました。でも、この曲が出版され、いろいろな方がうたって下さることで、全国の皆さんに子どもたちの想いを届けることができるなら、それをよしとしたいとも考えるようになりました。

実はそれよりももっと私を不安に駆り立てることがありました。それは『群青』がいわゆる震災ビジネスのひとつとしてとらえられてしまうのではないか、もしそんなことになったら何よりも生徒たちの気持ちを傷つけてしまい、私自身も大きな後悔をするのではないか、それがとても怖かったのです。私ひとり叩かれるのは全くかまわない。でも子どもたちにその影響が及んだらとても迷いました。迷いに迷って、私はひとつの判断をしました。それは自分の気持ちをすべて伝え、生徒たちと話し合ってみようという判断でした。その上で、もし子どもたちが了承してくれるなら、出版をお願いしようと考えたのです。私はそのタイミングを離任式の時に設定しました。

群青
平成24年度小高中学校
卒業生へ捧ぐ
Intro
A
ああ あのまちにーうまれて きみとであい たくさんのおもいだいて,いに,ときをすごしたね
B
いま たびだつひーみけしきーはちがっても とおいばしょでー きみもおなじそらとみあげてるはず 「またね」と
(あれから)
C
てをふるけどー あ
らにねんのひがー ほ

『群青』オリジナル楽譜

その日、離任式を終え、私は当時の三年生全員、三十八名を前にすべての気持ちを伝えました。ハーモニー・フォー・ジャパンのコンサートでみんながうたった『群青』にたくさんの方が感動して下さったこと、『群青』を出版して全国に伝えたいというお申し出をいただいていること。でも、そのことによって『群青』があなたたちだけの歌でなくなるかもしれないこと、そしてもしかすると、震災ビジネスのひとつとして取り上げられ、みんなの想いが傷つけられてしまうかもしれないことなど、私は思いの丈を子どもたちにぶつけてみました。そして、私は子どもたちの言葉を待ちました。子どもたちは少し逡巡《しゅんじゅん》したようにみえましたが、意外にも「先生、いいんじゃやない」「やっていいよ」という返事をくれました。私は正直、とても驚きましたが、生徒たちが自分たちの想いや自らが置かれている現状を、『群青』を通して全国の皆さんに伝えたいという気持ちになっていることを知り、私自身も出版への決断を下すことができたのです。

このようにして、ふたつの『群青』が誕生することになりました。ひとつは信長貴富先生による編曲版の『群青』、そしてもうひとつはハーモニー・フォー・ジャパンのコンサートで初めて生徒たちと演奏し、私に忘れられない卒業式をプレゼントしてくれたオリジナルの『群青』です。そのどちらも私にとって大切な存在となりました。しかし、子どもたちは出版を快諾してくれたものの、やはりオリジナルの『群青』に対する想いはやみがたく、出版された『群青』に対して後々まで違和感を持ち続けたことを私は知ることとなります。

『群青』は二〇一三年の八月に出版されました。実は信長先生に編曲をしていただくためにお渡しした原譜は強弱記号ひとつ付いていないものでした。きっと先生もお困りになったことと思いますが、その分、編曲版『群青』には信長先生の想いやイマジネーションが溢れたものとなっているのです。楽譜が手元に届いた時、「あー、本当に出版されたんだ」と感慨に耽《ひた》りました。そして出版された以上は、できるだけたくさんの皆さんにうたっていただき、小高の子どもたちのこと、小高のことを感じ知っていただきたいと思うようになりました。出版後の反響の大きさは私が考えていた以上のものでした。あちらこちらで『群青』をうたって下さる場面にも出会いましたし、メディアなどを通して伝わってくるうねりのようなものには圧倒され続けました。そして私自身も『群青』の作曲者として、『群青』についてお話をしたり、また生徒たちと演奏することも増えてきました。いろいろなところで『群青』がうたわれ、多くの方々との出会いが増えることは嬉しいことではありましたが、その反面やはり、いろいろな不安が去来することもありました。

『群青』は二〇一四年以降、たくさんの学校で卒業式の歌として取り上げていただきました。実は出版前も、ハーモニー・フォー・ジャパンで演奏させていただいた直後から「『群青』をうたいたい」というご要望をいただき、一つひとつ対応していたのですが、出版されることでそれはなくなるだろうと考えていました。ところが、いざ出版されても問い合わせや質問が激減することはありませんでした。特に一番多かったのが、歌詞の中の「あれから二年の日が僕らの中を過ぎて」いうところがあるのですが、そこを「三年」「四年」に替えてうたってもいいですか、という問い合わせでした。もちろんそれは東日本大震災のあった二〇一一年を起点にした数え方なので理に適ってはいます。ですから私は「どうぞかまいませんので、そのように替えておうたい下さい」とお伝えしてきました。本当にそれでいいのです。でも、いざ自分たちが『群青』をうたう時は、これまでに一度も「二年」の部分を替えてうたったことはありません。やはり私にとって『群青』は、あの時巣立っていったあの子たちとの絆の結晶なのです。きっとこの想いは一生変わることはありませんし、あの子たちもそうだろうと思います。

いつまでも『群青』はあの日、あの時のまま、私たちの心の中で立ち止まったままなのです。

証言

## 藤原義久

ふじはら・よしひさ●作曲家。山形大学名誉教授。小田美樹氏は山形大学在学中、藤原氏のもとで学んだ。

そうですか、本山さんがそんなこと書いてくれていましたか。

本山さんには僕のカンタータ『虫愛ずる姫君』を振ってもらい、その透徹した音楽性に感服したことがあります。小田さんとは卒業後、あまり連絡を取っていなかったけど、震災の前に小田さんから僕が書いた小さなミサ曲の楽譜が欲しいと連絡があって、楽譜を送ったりして、旧交を温めていたところでした。

学生時代の小田さんについては、あまり強烈な印象があるわけではないのですが、小柄で可愛らしいお嬢さんだったということはよく覚えていますよ。いつのことだったか忘れたけれど、土足禁止の僕の研究室で、小田さんが靴を履いたままでレッスンをしたことがありました。あまりにも一生懸命で僕は声をかけられなかった。だからピアノを弾き終わっていざ帰ろうとした時に、小田さんにこう言いました。「あのね、研究室は土足禁止だからね」(笑)。もしかするとあの頃から、一途な性格だったのかもしれませんね。

あの頃の山形大学の音楽科にはこう言っちゃあなんだけど、課程と課程との間に、一言ではなかなか言い難い暗黙の格差があったわけです。だから実に意味のないことだけど、どうしても高校の教師を目指す特設課程の学生が「偉く」なってしまう。彼らは、いわば「ミニ東京芸大」にいるような誇りというか優越感を持っていた。一方、中学校課程の子たちは、自分たちにとって、特設課程はややハードルが高く、教員としても演奏家としても中途半端な存在として自分たちをとらえていた、そんな気がしますね。

小田さんもその中のひとりだったわけで、特に小田さんの場合、ピアノの腕前は東京の難関といわれる音大に合格していたレベルに達していたわけですから、さらにいろいろな想いと葛藤しながら四年間を過ごしたのかもしれません。ほとんどの学生が胸にある種の悩みを抱えながら生活をしていた場所だったんじゃないかな。

だからといって、山形大学を出てプロの演奏家になることはとても厳しい道なので、もしそうしたいのであればもう一度著名な音楽大学に入って、プロになるためのトレーニングを受ける必要がある。だから現実的には、山形大学の教育学部を出るということは、山形をはじめ東北地方のあらゆる環境の中で教員としての務めを果たすことを求められたわけです。

そのような環境下で僕に課せられた役割、それはもうただひとつ、「音楽を教える教員になるためにはどんな心構えが必要なのか」を教えることでした。それ以外にはないと言ってもいいくらいです。特に、僕が熱心に学生に伝えたこと、それは「人間は今、ここでしか生きられない」ということでした。これは山形大学だけでなく、東京の音楽大学で学ぶ教育科の学生にも、他の大学でも、僕が一貫して説いてきたことです。もちろん教員である以上、子どもたちの未来に希望を託すこともあるでしょう。また逆に過去から学び、考えることも。でも、教師の仕事の本分は「目の前にいる子どもたちと格闘すること」であり、そこから教師は逃げることが許されないんですね。だからね、もし小田さんが子どもたちと作った『群青』という曲が、調性においては「今、目の前にいる子どもたちのうたえる高さの調」で書かれていて、また、冒頭の「ああ」という言葉が『群青』に使われなかった言葉を集約させたものであるとしたら、これは小田さんが目の前にいる子どもたちから逃げなかったということなのだろうと思います。

もちろん教師はそもそも、どんなことがあっても現場から逃げられないんだけど、それでもこんな風にひとつの信念として作品に表わされること自体が尊いと僕は考える。だからといって小田さんが、いくら僕が教室で口を酸っぱくして言ったとは言え、このことを覚えていてくれたかどうかは全くわかりませんが、ほんの少しでもそのメッセージを受け取り、理解し、今も覚えていてくれたのだったら嬉しく思います。そして震災と原発事故を受け入れざるを得ない状況となった小田さんたちが作り上げた『群青』という曲の中に、僕が教室で語ったことがほんの少しでも込められているとしたら素晴らしいことです。そのような作品にはエネルギーや魂が込められているはずですから。

今回の震災と原発事故ほど、僕たちに「今」というものを気づかせたものはなかったと思います。未来は見えない、過去を振り返ることもできない、まさに今、どうやって生きていくべきなのかを考え、行動させることを僕たちに強いたのです。その意味からも小田さんが作った『群青』には意味がある。本山さんがフェイスブックに、『曲を作る』という意義と発想をしっかり自分の中に取り込んで」と書いて下さったことは、とてもありがたいことだったと思います。というのも、僕は常々、「僕は君たちに和声法や対位法、また管弦楽法などの理論についてはいささかでも教えることができるかもしれない。でも作曲という行為自体を教えることはまずできない」と話してきたからです。ですから、『群青』がこれだけ支持され、愛唱されていることを考えると、これはもう創造するプロセスも結果も小田さんの力に依るものとしか考えられません。本山さんの言葉を借りれば、「『想い』に経験や知識、技術が上手くつながることがいかに大切なことか」を小田さん自身が深く理解していたのだと思うのです。

2016.7.12 常磐線は仙台から小高まで復旧した

# 第四章

## 小田美樹の回想　四

私は原町で生まれ育ちました。子どもの頃は検事か弁護士になって世の中の悪と闘おうと思っていました。父は生活面でかなり厳しい人でしたので、高校を出るまでは外出もなかなかできず、私はずっと部屋に籠って本を読んでいました。父の実家には文学全集も揃っていましたので、それも片っ端から読みました。いわゆる乱読ですから、愛読書があるわけではありません。後年のことですが、瀬戸内寂聴さんの『美は乱調にあり』を読んで、アナキスト大杉栄の妻であった伊藤野枝の生き方に共感したのを記憶しています。音楽は四歳からピアノを習い始めました。母が町のピアノ教師をやっていましたが、母からではなく近所のピアノの先生のもとに通い、習いました。また小学校、中学校、高校と合唱部に入りました。もともと合唱は大好きだったんです。でも、受験のために部活を高校二年生の時に辞めさせられました。だから高校時代には悔いを残しています。あの頃はとても孤独でした。

とにかく私はあの場所から離れたかった。一日でも早く福島から出たい、そう思うようになりました。大学は山形大学の教育学部特設音楽科に入学しました。実は、ピアノは一生懸命練習していたので、東京の音楽大学に行きたいと思っていましたが、経済的な理由で進学を断念しました。可能性としては福島大学が高かったのですが、もし福島大学に入学した場合、親戚のところに下宿させられることがわかっていましたので、山形大学を選択しました。どんなことがあっても、ひとりで、誰からも監視されることない環境で生活がしたかったのです。

山形での毎日はとても楽しいものでした。でも、人からはどちらかというと目立つこともなく淡々とした学生生活を送っているようにみえていたかもしれません。藤原義久先生と出逢ったのも山形大学でした。卒業にあたって思ったことは、故郷には帰りたくないということでした。教職に就くことができなかった私は、最初に山形市内のブライダルの会社で働きました。そこでピアノ演奏などをしていたのですが、しばらくして講師の仕事が見つかり山形市内で教師として教壇に立つことになりました。そんな時です、原町の父が倒れたとの知らせが入ったのは。私は仕方なく山形を後にせざるを得ませんでした。故郷に戻った私は一変、家を支えなくてはならなくなりました。そのために一生懸命勉強して教員採用試験にパスし、本採用の教諭として再出発をすることを目指しました。そして猛勉強の甲斐あってか試験にはパスしましたが、その最中に病床にいた父が亡くなりました。二十五歳の時でした。ここが私の教諭人生の本当のスタートとなりました。

私はどちらかというと激しい気性を持ち合わせている方だと思います。しかしこの気性をそのまま出して生きることはできません。ですからある意味、「殺しながら」生きています。だからでしょうか、時としてそれが反動となり、何かの弾みで本来の私がポッと出てくることがあります。例えば、二〇一二年に合唱コンクールに出場した際に、ストループの『エレミヤの哀歌』を選曲したことなどはその表われなのかもしれませんね。「誰にも私たちの悲しみ、つらさをわかってもらえなくていい。いや、わかるはずがない。どうせ言葉で説明したってわかるはずがない」。そう思いステージでうたい切った。でも残念ながら、本山先生にはすべて見抜かれてしまった(笑)。さすがにすごい人がいるなと思いました。そしてそれがあって『群青』があるわけですから不思議です。

平和ってただ祈っただけではやってきません。そこには当然、行動が伴わないといけない。心の中で動きたいと思っていてもそうできない人たちがたくさんいます。みんな生きる意味が欲しいのです。私もそのひとり。とにかく駆り立てられるものがある。社会に向けて発言し、運動をしている人たちを見ると、うらやましくて仕方なく思えることもあります。特に今回の震災とそれに続く原発事故の渦中にいて、私はそれを強く感じました。しかし、教師として自分自身が行動できることは何なのか、その答えはまだ見つかりません。私は本来、右か左か前か後ろか、どちらかに傾倒する気質を持ち合わせています。だからあれもこれもというのは苦手です。でも教師というのは多様な価値観を持った子どもたちと接し、その一つひとつに対応していかなくてはならない職業です。ですから約二十年、教諭生活を送ってきて、今わかるのは、いつもどこかで中立でいようとする自分がいるということです。だから何とかやっていける。今できることは教師として、精一杯生徒たちと向き合い、働き、自分の仕事に意味を見い出すことだけだと考えています。

『群青』を作らずにすめば良かったのにと思うことがあります。でも、教師である私と生徒たちとの関係においては、『群青』は生まれるべくして生まれた曲だと思います。もしかすると震災や原発事故がなくても、私は『群青』に代わる何かを作る運命にあったのかもしれません。これは結果論ですが、歌詞も私ひとりがすべてを書いてこねくりまわしていたら、『群青』が多くの方に受け入れてもらえたのかどうかわかりません。『群青』は私たちにとって、心の目印であり、立ち返っていく場所のようなものです。国道六号線を車で走っていると「ここまで津波が来た」と書かれている表示を目にします。いわばそんな存在です。「ほら、あの時こうだったよね」と、いつでもそこに戻れる場所として『群青』があるのです。

戻れる場所……。実は二〇一一年の四月、まだ学校が再開される前のことですが、震災後一度だけ海の近くへ行ったことがあります。娘の友人が原町の海辺に住んでいたため、その様子を見に行きました。震災直後で国道六号線を越えると、道もぐちゃぐちゃで車をまともに走らせることもできませんでした。もしかすると後戻りできないんじゃないかと思うくらいガタガタでひどい道でした。やっとの思いで現地にたどり着き、海が目に飛び込んできた時、突然、ある歌が私の口をついて出てきました。「海ゆかば水漬く屍　山ゆかば草むす屍」。そうです、信時潔が大伴家持の長歌に作曲した『海ゆかば』でした。どうしてこの歌が思い浮かんだのか、その時はわかりませんでした。というのも、私はこの歌を意識して覚えたこともありませんし、日常的に口ずさむこともなかったからです。全く私とは関わりのない歌でしたし、この歌が第二次世界大戦の時、多くの兵士たちを戦場へと送りだす時にうたわれた歌であることくらいは知っていましたから、少し気持ちが悪いとすら思いました。でも後になって、私はあの歌を子どもの頃に聴いたことを思い出し、その時の記憶が徐々によみがえってきました。

『海ゆかば』は父たちが参加していた男声合唱団の演奏で幼い頃に聴きました。父が所属していたのは原町の男声合唱団で、マイクを立ててうたう十五名ほどの小さな合唱団でしたが、活動はとても盛んでクラシックはもちろん、歌謡曲などポピュラーな曲もうたっていました。実はその男声合唱団では軍歌も大切なレパートリーでよくうたっていました。きっと私は何かのコンサートで『海ゆかば』を聴いたのです。おそらく一回だけ。子ども心に音楽と詩とのギャップに驚いた記憶があるのです。でも、たった一回でこんなにも心の奥深くに眠る音楽があるのでしょうか。私は初めて、自分があんなにも離れたいと思っていた父から強い影響を受けていたことを知りました。私は父、そして彼らがはるか昔にうたった歌に今、邂《かい》逅《こう》したのです。「海ゆかば水漬く屍　山ゆかば草むす屍」。まさに私たちが震災と原発事故とを経て遭遇した風景がそこにはありました。もし、『群青』が小高中学校で一緒にうたった子どもたちに何らかの影響を与え続けるとしたら……、そのことを考えると私は少し怖くなりました。

相馬野馬追

証言

# 島尾清助

しまお・せいすけ●語り部。南相馬市小高区で居酒屋「島魚」を経営しながら、小高の文化や歴史を伝えている。

ここは相馬おだか
私たちの祖先は、大きな空、広い海、
連なる山並にかこまれて生活してきました。
野を耕し農業を営み、海に出て漁業を営み、
道をつくり、商店、工場が出来、
また町が栄えてきたのです。
太陽の下《もと》で働き、夜は星を数え、

**月を見て生活してきたのです。**
**相馬おだかは、人々の営みのなかで、**
**感謝の気持ちを大切にし、神や仏を奉り、**
**集落の交流を深め、**
**互いに助け合う心をはぐくんできたのです。**
**島尾清助著（『未来への伝言 その一』より）**

『群青』？ 知ってるよ。一度だけど聴いた。いい歌だったね。懐かしいなぁ、って思った。小高っていうところはね、昔っから文教の町なんだよ。作家の埴谷雄高、島尾敏雄、憲法学者の鈴木安蔵もみんな小高に縁のある人たち。それとね、一八世紀に起きた天明の大飢饉の時もそうだけど、小高は歴史上、度々危機に見舞われても、そこから立ち直り復興してきた町なんだ。とにかくさ、鎌倉時代に相馬氏がここら一帯を治めてから江戸時代まで約七四〇年、六万石という小さな石高だったけど、一度たりとも国替をしないで相馬藩政を敷いてきたんだから大変なもんなんだよ。これは日本全体を見渡しても、後は薩摩藩くらいのもんじゃないかな?

それから相馬の野馬追って有名な行事があるんだけど、これも原型は小高神社の野馬懸祭で、ここから相馬野馬追に発展していったんだよ。だからそれもまた小高の誇りなの。それからほら、絵馬ってあるでしょ。あれは、本当は家で飼っていた馬を神社に奉納するというのが起源なんだけど、小高は全国でも有数の、自宅で馬を飼育している土地柄なんですよ。というのも、野馬追があるからなんだけど。とにかくここは馬を大事にして、馬を介して平和をずっと願ってきたところなんです。

たった六万石でどうしてつぶれなかったのか、って考えるんだけど、そこにはやっぱり逆転の発想があったと思うわけね。だってそもそも特産物すらそんなにないわけだから。貧からどうやって富を生むか。そのために小高の人たちはよく学んだ。小高には伝統的に「群芳会」っていう組織があって、商店街の若旦那たちが中央から先生を呼んで勉強する会を作っていた。これは比較的最近まで続いていたけど、小高はこうやって藩づくり、町づくりをしてきた。その勉強欲、知識欲がまずひとつ。それから殿様が変わらないわけだから、他の藩とは違ってずっと同じ文化が根づくことで継続する、変わらない文化が生まれた。その変わらない文化の最たるものが小高という土地への愛着であり、執着であるように感じる。そういえば俺のおばあちゃんなんか学校なんて行ってなかったけど、知識欲はものすごくあった。女が勉強すると叱られる時代でしょ。で、どうしたかっていうと、家に学校の先生を下宿させて勉強を習って、それで夜、布団の中に入って自分の腹に習ったことを書いて覚えたっていうんだから、すごいよね。まぁ、小高ってそんな町だよ。それから小高を語る上で忘れちゃいけないのが、風通しのよさとスケールの大きさ。だって「俺の隣町はアメリカだ！」って言ってきたんだから（笑）。いくら目の前に海があるからといって、まぁ、普通はそうは言わないでしょ。面白いよね。

「群青」っていう言葉はどこから来たんだろうね。でも、かなり前から言ってたよ。小高中学校のPTA新聞も、野球チームも、文化祭もみんな「群青」って名前が付いているしね。今の小高中はもともと、小高、福浦、金房中学校という三つの学校が一九七二年に一緒になってできた学校なんですよ。俺はその前、一九五四年の昭和の大合併で福浦・金房中学校が小高町立となった時の生徒なんだけど、その頃はあまり「群青、群青」って言ってた記憶はないんだな。併合以前の校歌に「群青」って言葉、あったのかなぁ。なかったような気がするなぁ。でもね、ちょうどその時、昭和三〇年代の真ん中に小高中が文部省の指定校か何かになって、学校全体がウワーッと盛り上がったことがあった。でね、当時の校長先生の名前が青木岩男先生って言ったもんだから、我々生徒が「青木先生に群れ」ていい学校づくりをしようということで「群青、群青」と言ってたことがあるなぁ。俺は生徒会長だったたからよく覚えている。もちろんそれは「群青」の由来とは関係ないけどね。

音楽でいうと、何と言っても小高では天野秀延先生を忘れることはできないね。先生は一九六〇年に『現代イタリア音楽』（音楽之友社）という本で芸術選奨文部大臣賞を受賞された先生。

一九六一年に『死の刺』で芸術選奨受賞を受賞した島尾敏雄さんには知名度では負けちゃっているようだけど、俺たちにとっては小高の恩人の立派な先生なんだよ。だからこのあたりの校歌はみんな天野先生の曲。そして小高中は吹奏楽がものすごく盛んでしょ、全国大会にも何度も行っている。これも天野先生から受け継いだ伝統のひとつじゃないかな。とにかく、それくらいすごい方なんだ。

時々、原町の人たちに「小高は歴史の背景に生かされている町だよね」とか「小高って特別な町ですね」と言われることがあるんですよ。そうかなと思うこともあるんだけど、でももしかしたらいろいろな歴史的な「点」がいつの間にか「線」になり、「面」

となって、他の地区の人たちはそんな風に見えているのかもしれませんね。この町の人は後世にその誇りを伝えるためにはどんなに貧しくても学ぶということを続けてきた、それが今も生きているんだよ。よく昔の人は「勉強してもメシの種にはならないけど、人間の精神的な満腹感は得られるんだ」って言ってたよ。

とにかく歴史を学ぶってことは温故知新、復興し再生するためのヒントがあると俺は思っている。だから今、語り部の仕事をボランティアでしていて、頼まれればあちらこちらへ行って小高のことを話すようにしているわけですよ。今は海岸に行くと群青色の海が見えるでしょ。でも、震災の前は防風林があったから海を見ることはなかった。だから今は、水平線が見える怖さもある。

もちろん津波のことも思い出す。でもね、それでも俺は海を憎めない、憎むことができない。ずっと何百年もここから受けてきた恩恵も無数にある。だから僕はこう思うんだ。「海は海であって海以外のなにものでもない」って。その原風景を忘れることはできないんだよ。

俺は小田先生とは面識がありません。だからよくわからないんだけど、『群青』っていう歌を作って、子どもたちとこの苦難、困難を闘ってきているということの根底には、子どもたちを断片として見るんじゃなく、その存在そのものの全体を身体で受け止めて進んでいこうという、心に期すものがあったんじゃないかな、俺はそう思っているんだ。

小高の街並み　そこにまだ人の往来は多くない 2017. 1. 2

## 「群青の子ら」の夏　本山秀毅

ハードなスケジュールながら暖かい歌声に包まれたいわきでの三日間の講習会を終えて、再び南相馬市小高中学校の仮設校舎を訪れた。

ここから生まれた『群青』が予想を超える反響を見せる中で、小高中学校の音楽室には、全く浮き足立つことなく確固とした信念のもとに合唱と向き合う姿があった。『群青』は全国各地の学校で歌われる機会が増えたことは言うまでもないが、各種演奏会の合同合唱のプログラムや、メディアへの露出も目立ち始めた。聞くところによると、今夏の日テレ系「二十四時間テレビ」での特集や、道徳教科書への導入など、その拡がりは留まることを知らない。

私は当初、名のあるポップシンガーに歌ってもらえれば簡単に知られることになるのに、などと横着なことを考えていたが、本当に価値のあるものはその命脈をしっかりと保ち、理解されるものであることを改めて思い知った。今更ながら自らの不明を恥じるものである。

私が中学校に到着したのは、彼らの唯一の帰宅手段である最終のスクールバスの出発する僅か30分前であった。ゲーテの「すみれ」詩作のなかに「ほんの十五分間だけでも…」という切ない思いが語られるが、まさに同じ思いで生徒らの歌声に耳を傾けた。

生徒らが帰宅した後、音楽室でそのまま小田先生と近況についてお話しすることが出来た。

先生は自らの作品である『群青』から、先生自らが教えられることが多いと話されていた。また新一年生がこの曲を歌えるのを楽しみに入学してくること、震災当時はまだ小学三年生だった子供たちの心にも、この歌は深く感銘を与え、歌いながら涙する一年生に、教える方も込み上げるものを禁じ得ないとのお話しであった。

実は、練習終了後に卒業生が二人訪ねて来ていた。若者たちは、何と『群青』が出来た学年の生徒だという。今は頼もしく見える二人も、その当時はかなり手がかかったらしく、歌には全く興味を示さずなかなか声を出さなかったという。私は『群青』の出だしがかなりの低音域から始まっていることにこの作品の個性を見出していたが、先生によると、その時来ていた二人の男子が、低音でも歌える部分を作ってやろうとして考え出した導入であった、とのことであった。何と温かいエピソードではないか。

そして先生を訪ねて夏休みに仮設校舎を訪れるということも『群青』の牽引力であると言わねばならないだろう。

既に三年が経過する仮設校舎での授業も、二年後には除染を終えた小高区にある、もとの校舎に戻ることが計画されているそうだ。しかし喜んでばかりはいられない。既に他の地で生活基盤を得ている人たちが、就学のためだけに再び小高に戻るかどうかは微妙であり、現在の規模のまま復帰出来るかどうかは分からない。

反面、現在の仮設校舎に通わなくても、仮設住宅のある学区内の中学校に通うことは不可能ではなく、にもかかわらず生徒が小高中学校を選択し、そのアイデンティティを明確に持ち続けているのは、何とかこの学校を存続させたいという関係者の「熱い思い」が支えとなっているのである。

『群青』という作品は、その歌詞を旋律に乗せて歌うだけで、複雑な環境におかれ、現在進行形で悩みの尽きない中で感じる思いを、想像させ、共有することが出来るのが最大の魅力であろう。

彼らと彼らの『群青』との再会を誓って、校舎を後にすることになった。

**本山秀毅のフェイスブック（二〇一四年八月四日）より抜粋**

# 第五章

## 小田美樹の回想　五

相馬小高神社

私は二〇一六年の三月に小高中学校を離れ、四月、相馬市立向陽中学校に着任しました。小高中学校には八年間在職しましたが、そのうち小高地区にある本校舎で過ごしたのは三年間だけ、後の五年間は仮校舎での生活でした。離任は初めての経験ではありませんし、教師である以上、宿命のようなものだと思っています。それでも、そうわかってはいても今回の離任はつらかった。実は直前まで二年生の担任をしていましたので、まさか今回はないだろうと思っていただけにショックは大きかったのです。またあのつらい時期をともにがんばった同僚が、八人も同時に異動となったことはそれに拍車をかけました。オーバーに聞こえるかもしれませんが、私にとってはこの世の終わりのような気持ちでした。

びっくりしたことに、あのやんちゃ坊主だった芹沢功太君から、「先生、小高中学校での勤務、お疲れ様でした。これから何か困ったことがあったら何でも言って下さい」なんていうメールが届きました。一番やきもきさせたくせに。あなたに言われたくはないわよ（笑）、と思うのですが、でも生徒たちがこうやって成長し、私の手から離れて行く姿を見るとやはり嬉しい気持ちになります。

『群青』が取り上げられることが多かったためか、私の離任もメディアで取り上げられました。「『群青』の生みの親が小高を離れる」と。でも、いつかこの日がやってくることはみんなにもわかっていました。もちろん、私にも。子どもたちにも「もしかしたら……」という想いがあったのだろうと思います。私は私でいつも「誰がやってもきちんと演奏できるようにならないと本物とは言えないよ」と子どもたちに言い続けてきました。そのせいか、最近では生徒もテレビのインタビューなどで「先生がいなくなってもしっかりとやりたいと思います」と話していました。きっとそこには予感と決意があったはずです。

新しい中学校では合唱ではなく吹奏楽を担当することになりました。私にとっても新しい出発のはずですが、どうも最初は学校に足が向かなくて困りました。ようやく馴れ、今、やっと気づいたことがあります。それは、あぁ、学校って本当はこんなところだったよねということでした。こんな風に登校して、こんな風に授業をして、そしてこんな風に部活動をしたりみんなと語り合ったり……、これが普通の学校だよね、と。それほどまでに震災後の小高中学校での日々は、すべてにおいて異常な経験だったのです。そして私自身も相当なストレスの中で生きてきました。小高中学校は私にとって、生まれ育った地域で仕事をする最初の学校でした。決して力が入っていたわけではありませんが、やはり震災と原発事故の影響は大きく、自分が意識していないところで目に見えない大きな力が加わり、それがストレスにもなっていったんだろうなぁ、と今は思うのです。

実はつい最近、二〇一四年に出演させていただいた二十四時間テレビの映像を初めて見ました。DVDにコピーしたものを持っていたのですが、小高にいる時は見ることすらできなかったのです。実は向陽中学校の生徒の中にも津波で家を流された子もいます。かなりつらい映像も含まれていたので、とてもひとりで見ることができず、生徒にも一緒に見てもらいました。自分がそこに映っていることが恥ずかしかったし、また怖かったのです。映像を見て、やはり泣いてしまいました。そうして思ったのは、私には受け入れなくてはならないことがまたひとつ増えたということでした。というのはそのビデオの中で私がこうコメントしていたんです。「今日、この武道館の舞台で子どもたちと一緒にうたうことができて、また一歩先を歩む勇気をもらいました」と。でも、現状はぜんぜん前になんか行っていませんし、私の目の前にはあの子たちはもういないのです。その現実が自分自身の言葉によって突きつけられました。つらい時間でした。でも、たまたまそのビデオを一緒に見ていた教育実習生が「『群青』、僕も大学の授業でうたいました。先生がお作りになった曲なんですね。知りませんでした」と言ってくれました。こうやって、『群青』がひとり歩きして、いろいろなところで、いろいろな人たちにうたってもらえることはとても幸せなことだと心の底から感じます。

また、あれは確か「ハーモニー・フォー・ジャパン２０１５」に出演した帰りの京都駅でのことでしたが、ひとりの生徒が私のところにやってきて、「先生、僕たちがうたうことで、皆さんに感謝していることを舞台から伝えることができるんだったら、来年もまた来なきゃいけないね。だって、どんなに長い手紙を書いても伝わらないことが、音楽だったら五分で

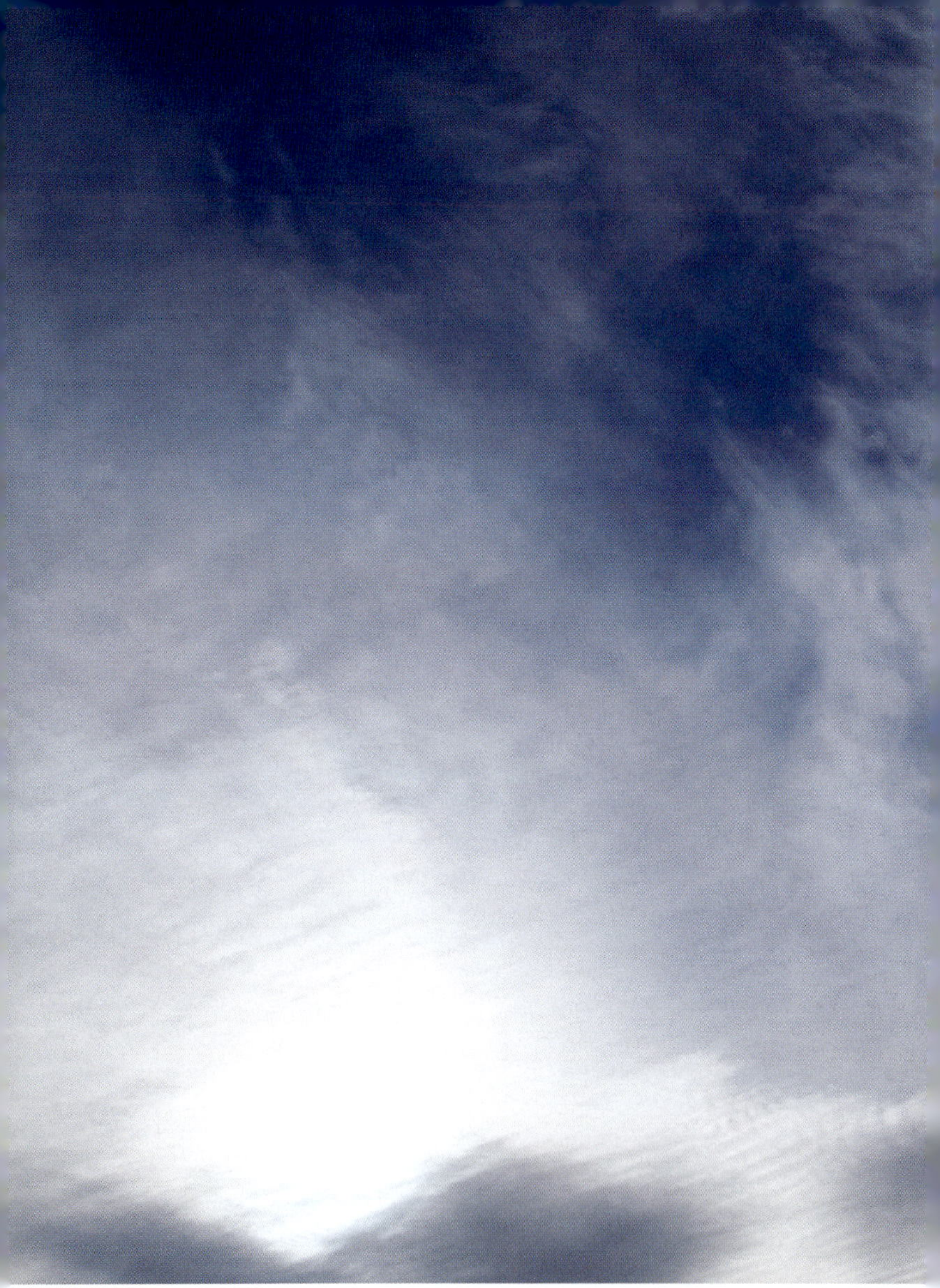

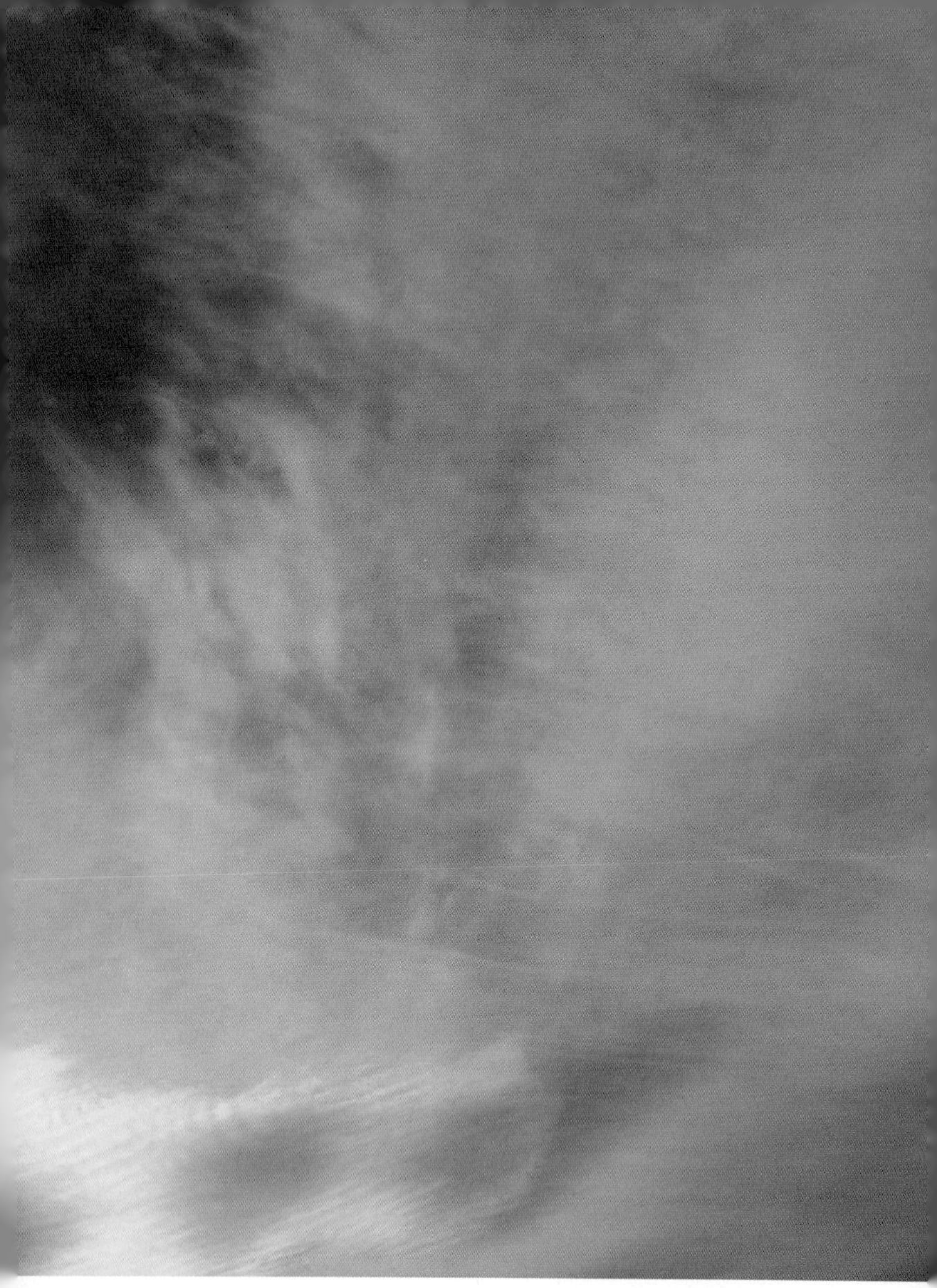

聴いている人たちに感謝の気持ちを伝えられるんだから」と言いました。何だか私はびっくりしてしまいました。でも、子どもたちがうたうことと感謝することをこのように結びつける経験ができたことは、子どもたちにとって何ものにも代え難い財産となったと感じるのです。

それほどまでにハーモニー・フォー・ジャパンで皆さんから送っていただいた拍手は温かく、嬉しいものでした。あの時、私たちは応援していただいていることを身体中で実感しました。もしかするとハーモニー・フォー・ジャパンにいらしている方たちの中に、阪神淡路大震災を経験されている方がいらっしゃるからかもしれません。私たちのことをまるで自分たちのことのように考え、想いを寄せて下さっていることがよくわかりました。そしてこの経験が生徒たちにとって、他者が困難な状況にある時、「自分のことのように想いやる心」を持つことの大切さを教えてくれたと思っています。

実は『群青』の後、小高中の卒業式のために二曲作りました。二〇一三年度の卒業式のために書いたのが『青の絆』、二〇一四年度の卒業式のために書いた曲が『青の軌跡』でした。皆さんは『群青』から続くこの二曲を含めて三部作と言って下さるのですが、それぞれの全く異なる背景がありました。

## 青の絆

詞・曲：小田美樹

南からの風に乗って
僕らの真上を　流れる雲

懐かしい　あの故郷《ふるさと》の上も
流れてきたのだろう

あの町で　出逢いたかった人がいた
通いたかった校舎もあった
それでも　ここで過ごした日々が
これからの　僕の力になる

今日は　今日の風の中を
僕らの　青い風の中を
雨の中を　花びらの中を

自分の足で歩み　生きる
いつか寂しさや悲しみに
押しつぶされそうな夜でも
いつも心の中に君がいる
青い絆で結ばれた
僕らがいる

懐かしい故郷《ふるさと》は
今も　美しい花にあふれて
僕らを待つ
小高にのこしてきた思いは

群青の浪と潮騒の中に

さようなら
僕らの三年を
包んでくれたこの場所と
この空と
仲間たちと
すべてに
心からの「ありがとう」
さようなら
僕らの青い日々が

茜色の空に溶けていく
見えない未来だけど
また昇る朝陽に
一歩を踏み出す
今…

『青の絆』は私が作詞、作曲をした曲です。この前年は『群青』を作り、いろいろと忙しい年だったこともあって、この年は卒業式のための曲を作る気持ちにはなれませんでした。三年生の担任ではありましたが副担任だったので今年はいいかなと思っていました。でも、生徒がそれを許してくれませんでした。

「先生、僕たちには曲を作ってくれないの？」

「今年は作らない」

「どうして？」

「どうしても」

「作ってよ」

「作ってもちゃんとうたわないでしょ」

「じゃあ、うたってやらないよ」

「いいわよ、うたってくれなくて」

「わかったよ、じゃあうたうよ！」

とすったもんだの末、やっぱり作ることにしたのです。

『群青』の年は学校が荒れて大変な状態でした。その年は、生徒の中にふたりのボスがいて生徒たちを仕切っていたのですが、そのふたりが喧嘩をして分裂することになったんです。当然、ふたりに付いて歩いていた他の生徒たちも行き場を失い、学校の中が急に静かになりました。しかも、ふたりのうち、争いに勝ったひとりがそれまで近づきもしなかった合唱部に入り、急に学年全体がまとまったような感じになったのです。私としては今でも、分裂の時に敗れたもうひとりの子のことが気になっているのですが、とにかく当時、学校が少し穏やかになり、安堵したことは事実です。『青の絆』の学年の子どもたちは、実はこのように学校が再生するプロセスに対して憧れ、うらやましく思っていた学年でした。だから私に、しつこく第二の『群青』を作るよう何度も催促をしてきたのです。そういう意味でもとてもかわいい子たちでしたので、私も大好きな学年でした。

でも正直言って、『群青』のような強い愛情をこの曲に注ぐまでには至りませんでした。ただ、『青の絆』の子たちが「群青の子ら」と決定的に異なっていることがありました。それは歌が好き、うたうことが好きということでした。もちろん、「群青の子ら」も本質的には歌好きだったはずです。でもあの環境下で歌を口ずさむことすらままならない、行き場のない哀しさを湛えた「群青の子ら」と一学年しか違わないのに、その音楽に対する姿勢はまるで異なっていたのです。そんな背景もあり、私は『青の絆』は『群青』よりも、より広い音域を使って作曲しました。とにかくこの年は高い音でも楽々出せて、しかも上手にうたう子が多い学年でした。これは『群青』が限られた音域で、しかもとても普通では書かない調で書かざるを得なったこととは対照的でした。このような曲って、ある意味の達成感がありますよね、「うたった！」っていう。それが得られるのが『青の絆』の特徴と言えます。

また、この『青の絆』の学年は小高中学校の仮校舎に入学し、仮校舎から巣立った学年、つまり本校舎に一度も足を踏み入れたことのない最初の学年として記憶されるべき生徒たちです。ですから、いろんな意味で『青の絆』は『群青』やその翌年に作った『青の奇跡』とは異なる雰囲気を持った曲だと言えます。「今年は卒業式の歌は書かない」と言ったことが発端になりいろいろとやり取りするなかで、私がやっと重い腰をあげて制作した作品ですが、結果的にはやっぱり作って良かったと思っています。歌が大好だった『青の絆』の子たちも彼ら、彼女らなりに一生懸命うたって卒業していきました。その姿が今でも忘れられません。

# 青の軌跡

詞：平成二十六年度小高中学校卒業生、小田美樹
曲：小田美樹

いつかは別れの日が
来てしまうことが
わかっていたけれど
今日は　やっぱり切ないね
一緒に過ごしてきた
懐かしい日々
青くきらめく思い出たちで
僕らはつながっている

ふざけてはしゃいだときも
涙があふれるときも
いつでも顔を上げれば
隣に仲間がいてくれたね

さあ　飛び立とう
海の彼方
広がる空の遥か向こうへ
今　飛び立とう
青い風になり
ゆこう　僕らの希望のせて

心のアルバムには
出逢ったあの日の
新しい制服の君が
はにかみ笑っている
あれから同じ季節《とき》を
重ねてきたね
涙をこえて出逢えたことが
僕たちの青い奇跡

悩んで立ち止まる日も
苦しい日もあるだろう

それでも
青く輝く絆が
勇気をくれるはずさ

さあ　飛び立とう
夢に向かい
青の軌跡を胸に抱き
今　飛び立とう
この学び舎から
青い絆は　切れはしない

村上海岸から見た小高の夕暮れ

ありがとう
さようなら
また　会おうね

『青の軌跡』の子たちは「群青の子ら」が三年生の時の一年生。この子たちも歌が大好きな生徒でした。勉学にもスポーツにも決して突出した生徒はいませんでしたが、とても仲のいい学年でした。特に三年間、合唱部に所属した生徒が多くいましたので、いい歌声を聞かせてくれる学年でした。私が最近になってやっと見ることができた二十四時間テレビは『青の軌跡』の学年が三年生の時に出演しました。私はあのビデオを見て生徒たちの成長をあらためて知ることになったのですが、その中心がまさにこの学年でした。この子たちも私に「曲を作って！」と詰め寄った学年です。しかも最初から「このフレーズを入れて」と持ってくる始末。きっと『群青』が誕生した時のことを知っていたからだと思います。ですから『青の軌跡』では、子どもたちの自主的な申し出を採用して、私は少しだけ歌詞を書くことにしました。「さぁ飛び立とう～」の部分は私が書きましたが、その前の部分は生徒たちが書いた言葉を使っています。

『青の軌跡』は曲調も詩の内容も『群青』カラーを払拭した曲といえます。特に自分でそうしようと思ったわけではありませんが、振り返ってみると結果的にそうなっていました。これまでに小高中学校といえば『群青』というイメージで見られていましたので、自分自身そこから抜け出したいという気持ちがあったのかもしれません。

実は『青の軌跡』についてはひとつエピソードがあります。この曲、もともとは『青の奇跡』というタイトルでした。それを『青の軌跡』にしたいという申し出が生徒たちからあったのです。ミラクルの「奇跡」からプロセスの「軌跡」へ。きっとこの背景には子どもたちと担任の先生との秘密があるはずです。私は深い理由は聞きませんでしたが、「奇跡」は一歩一歩着実に歩みを進める「軌跡」の中から起こるということを、子どもたちが先生との日々の生活の中で感じ取ったからではないか、と考えています。『群青』『青の絆』『青の軌跡』と出来上がった曲を見ていくと、やはりどうしても青のイメージにとらわれていることがわかります。さすがに「群青」という言葉を二度使うことはできませんでしたが、根底にある青のイメージは『群青』から生まれていると思います。「群青」の町に生まれ育った子どもたち、みんな「群青」の子どもたち、私の大切な生徒たちです。

でも、今、この三曲をうたい比べてみると明らかに『群青』が持つメッセージの強さに私も圧倒される想いがします。ちょっと不謹慎な言い方かもしれませんが、「あぁ、よくテレビなどで見る一発屋ってこんな感じなのかな?」って感じです(笑)。まるで想いの強さが違います。『群青』の頃は自分も被災者の一人として、困難のど真ん中にみんなと一緒にいて、ともに苦労して生き抜いてきました。あの瞬間瞬間を切り取った言葉が積み重なり、『群青』は生まれたのです。今、あの当時のことを思い出しながら曲を作ったとしても「明日も会えるのかな」なんていうフレーズは出てきません。その意味でも『群青』は「群青」の町に生まれた、「群青」の子どもたちだからこそ作ることができた奇跡の歌だと信じています。

証言

# 齋藤舞子

さいとう・まいこ●南相馬市立小高中学校合唱部で部長を務め、震災後はその存続に大きな力を注いだ。

中学二年生の時の卒業式で三年生がうたう『あすという日が』を聴きました。なんだかつらそうで、合唱になってなくて……。先輩たち、たくさん心残りがあるんだろうなって思いました。でもそれが『群青』が生まれるきっかけになったことを、ずいぶん後で知りました。津波でふたり、同級生を亡くしました。だから『群青』という言葉を聞くだけで、もう会うことのできない友だちや離れ離れになった友だちのことを思い出します。私は震災後、今の仮設住宅に来るまで六か所を転々としました。仮設には二〇一一年の八月から住んでいます。小高の家は広く、生活ものびのびしていたので今はとても窮屈ですが、でもそれでも家族と一緒にいられることは幸せです。

震災直後のことでした。まだ学校が再開する前、私たちが学習する場として相馬女子高校に「寺子屋」みたいな勉強する時間が設けられました。いろいろな人がそこにはやってきていたのですが、小田先生も私たちの勉強を見るために来ていました。先生はその頃のことがすっかり記憶から抜け落ちているようで、何も覚えていないと言っています。確かにあの時は本当にみんなが絶望の淵にいて、殺伐としていたような記憶があります。私の父もあの頃、すごく怖かった。二年生の時は学校にも人が少なくて、とても暗く寂しいイメージしか残っていません。三年生になって徐々にみんな帰ってきて、学校の中に活気が生まれたというか、明るくなりました。いろいろトラブルとかあって大変でしたけどね。音楽ですか？　あの頃、いろいろな復興ソングとかが流れてきましたし、ポップスなんかも聴くには聴きましたけど、正直、とてもうたえるような心境ではありませんでした。

合唱は二〇一一年の九月から再開しました。合唱といっても私と五月に帰ってきた子とふたりっきりでした。音楽室も使えず、鹿島中学校の被服室を借りてうたいました。そこにはピアノはもちろん何も楽器はありませんでしたので、キーボードをうたう度に運んで持ち込みました。最初にうたった曲は立原道造さんの詩に木下牧子先生が作曲した『夢みたものは……』です。

夢みたものは　ひとつの幸福
ねがつたものは　ひとつの愛
山なみのあちらにも　しづかな村がある
明るい日曜日の青い空がある

とても美しい歌で、心が落ち着きました。合唱とは言え、ふたりだけのコーラスでしたので、担当パートを変えて、気分を変えてうたったりしながら活動を続けました。時には小田先生も一緒にうたってくれました。私の心の中に歌が戻ってきたように感じました。そのうちに少しずつ合唱部にも人が戻ってきて六人くらいになったので、その年の群青祭でうたったり、十二月に行われたアンサンブルコンテストに出たりしました。うたったのは『初心のうた』（詩：木島始・曲：信長貴富）や『いのちの歌』（詩：miyabi・曲：村松崇継）です。でもまだやはり日本語の歌はリアルすぎて、うたう度に気持ちが重くなりました。『あすという日が』はそんな気持ちの延長線上にある曲でした。私も先輩たちの気持ちがわかるように思いました。またいくら合唱部とはいえ、みんなふさぎ込んでいる中で楽しく歌をうたうことには、どこか抵抗というか、申し訳ないなっていう気持ちがありました。

三年生になった四月には合唱部も十名くらいになり、やっと合唱らしくなってきました。この年、小田先生が「これをやりたい」と言って持ってきたのがストループの『エレミヤの哀歌』です。練習をする時、先生からこの曲は、預言者エレミヤが長く苦しみが続くエルサレムの人たちの悲しみをうたったもの、と教えてもらいました。もしかすると、先生はこの詩の内容と震災や原発事故で故郷を失った私たちとを重ね合わせようとしているのかなと思いました。正直言うと私自身はもうその頃、前を見てがんばっていこうと思っていたので、ちょっと先生の気持ちとは相容れないものがありました。でも『エレミヤの哀歌』の音楽にどっぷりと浸かっているととても心地良く感じたことも事実です。

ある時、小田先生から「小高っていうと何を思い浮かべる？」と尋ねられました。何でそんなこと聞くんだろうと思いましたが、私は「自然が豊かで、海のイメージ」と答えたと記憶しています。実際、小高の自宅の前にはとてもきれいな桜の木がありました。後に『群青』という曲が生まれてきた時、とてもびっくりしました。小高のことがそのまま書かれていたからです。友だちの中島鈴奈さんと交わした言葉もありました。鈴奈と私は「またね」と言いながら、二度と会えなくなった友だちのことを考え続けていました。『群青』は私の気持ちそのままを表してくれる曲です。うたっている時、気持ちが素直になってうたうことができる。何といっても繰り返しをして、盛り上がってエンディングを迎えるところが好き。

私、高校ではプログラミング部っていうのに入ったんですけど、小田先生以外の先生と合唱をやることは考えられなくって、歌はうたってきませんでした。だって、心から歌をうたうことができないんです。小田先生は音楽をやっている時、心にスイッチが入るんです。まったく別人のようになる。それが私たちの心にも伝わって、私たちも変わっていく。そこが大好きです。そして決して、上からの目線で話すのではなく、私たち生徒と同じ目線からいつも私たちのことを考えて指導して下さる。どちらかというと先生というより、親に近いのかな？

『群青』には私たちがうたってきたオリジナル版の『群青』と

信長貴富先生が編曲して下さったもの、「ふたつの『群青』」があります。ふたつとも私たちにとって大切な『群青』ですが、でもやっぱり私は私たちの『群青』に愛着があります。いろいろなところで『群青』をうたってもらってとても嬉しいんだけど、でもその多くが編曲版であることは少し残念な気がしています。『群青』が私たちの歌でなくなっていくみたいで……。私たちにとっての『群青』はやっぱり最初にうたった『群青』。でも、時々、テレビで『群青』がうたわれるのを見ながら、こうも思うんです。編曲していただいた『群青』はもしかしたら、被災された人たちの共通の『群青』になっているんじゃないか、って。もしそうだとしたら、それはとても素晴らしいことだと思います。

海が好きです。特に小高の海が好き。友だちと自転車をこいで行った海。今でも海を見ると気持ちが高揚します。また、あの海で泳ぎたい。『群青』はあちらこちらに散らばって行った友だちと故郷小高を共有するための大切な歌、これからもずっとうたっていきたいと思っています。私ですか？　看護師になるため今、一生懸命勉強しています。これももしかすると、震災や原発事故で自分が背負った苦難によって生まれた選択だったのかもしれません。

# 第六章

## 「群青の子ら」との旅はこれからも　小田美樹

3・11から今日までの道のりを思い起こすと、本当にいろいろなことがありました。また、数えられないくらいたくさんの方たちのサポート、ご支援があって今の私たちがあります。その中で特に印象深くあらためて心からの感謝の気持ちを伝えたい方に、亡くなられたテノール歌手の本田武久さんがいます。癌と闘いながら、片足を切断した状態でありながら南相馬まで足を運んで下さったこと、それがどれほど大変なことだったかと思うと、とても胸が痛みます。実は震災直後は多くのボランティアの方たちも南相馬までいらして下さっていました。しかしその数も徐々に減り、広野、楢葉、双葉、浪江、小高といった地域には、人が訪れることもなくなりました。言わば陸の孤島のような状態でした。

そんな中、重い病を背負った本田さんが来て下さり、歌を通して子どもたちに生きる勇気、そしてうたうことの喜びを与えて下さったのです。あの日を境に生徒たちに歌が戻ってきました。そして、被災者であることにどこか甘え、逃げて、生徒たちと寄り添うことができずにいたあの頃の私自身の生き方に、本田さんの生き様は警告を与えてくれました。私自身が変わらなくてはならないと思ったのです。どんなに感謝しても感謝し過ぎることはありません。ただ、残念なのは「本校に戻れる日が来たら、必ずもう一度来て子どもたちの前でうたって下さいね」と堅い約束をしていたのに、本田さんがその年のうちに旅立たれたことです。本当に悔しく悲しかった。私は今でも本田さんは、小高中学校の子どもたちにとって救世主だったと思っています。

今回の東日本大震災と原発事故による大きな変化は、私たちの意識そのものを変えていくことになりました。もちろんこんな苦難、誰だってしたくありません。でも、あれから五年を経てつくづく思うのは、困難がいくかに大変であろうとも、人はそれを乗り越えることによって成長するということでした。震災も原発事故も子どもたちの精神構造に深く影響を及ぼし、その人間性を根底から変えてしまうものでした。それは日々、子どもたちを目にしていればわかることです。それに対して教師である私たちはあまりにも無力でした。

私が強く感じたことは、私が生活をともにしてきた多感な思春期の子どもたちが発する言葉が、この苦難の経験を経ることでものすごく重く深くなるということでした。特に彼らはまだ若く、語彙自体が少ないだけに、その言葉一つひとつに強いエネルギーが込められていくのではないでしょうか。もし『群青』の歌詞が聴いて下さる皆さんの心に響いてくるところがあるとするならば、それはきっと何気ない子どもたちの言葉の裏側にある重さ、深さにあるのだと思います。

私はこの南相馬の地に生まれ、育ちました。そして一日でも早くこの土地を離れ、自立した生活をしたいと願ってきました。そんな私の考えですから少し偏っているのかもしれませんが、私は福島の人たちは決して深い郷土愛を持ち、そこに根ざして生きているわけではないと、子どもの頃から感じてきました。それは私が大学時代を過ごした山形県のそれと比べると比較にならないくらい、薄いものです。でも原発事故の後、福島は「フクシマ」として世界中にその名を知られ、復興とワンセットになって郷土愛がうたわれるようになりました。ですから、もしかすると郷土愛や愛国心というものは土地を失い、その地から追われることで芽生えてくるものではないか、そう感じました。失うことで強くなり、絆となる。

また一方で私は故郷を喪失してしまった子どもたちの内面に、震災や原発事故がなければずっと眠っていたに違いない、激しい気性が生起する様をずっと見てきました。学校での激しい対立、避難先でのいじめやコミュニティに入っていけないことで起こる人間関係の崩壊など、それを目の当たりにするたびに「震災さえなかったら、原発事故さえなかったら、この子どもたちはもっと穏やかに、もっとのびのびと生活していたのに」と心の中で叫びました。『群青』は決してうたい継がれるべき歌ではありません。できることなら生まれてこなければ良かった歌、そう思います。でも、もし震災のことを知らない子どもたちが大人になった時、『群青』があの津波のこと、原発事故のことを伝えることができるのであれば、それは私や「群青の子ら」がこの地でかけがえのない生を営んでいたことの証になるような気がするのです。いつの日かわかりませんが、もしこの南相馬の地に本当に穏やかで、平和な日々が訪れた時、『群青』は忘れ去られるのではないかと思います。その一方で、もしまだこれからも人間が自然に対する畏敬の念を失い、誤った選択をし続けるかぎり、そのような時は永久に来ないのではないか、とも思います。

先日「二十四時間テレビ」を録画で見た時、私はそこに映り込んでいる生徒たちが今、まさに見違えるほど成長する過程にあることを感じずにはいられませんでした。毎日接していた時はわからなかったのですが、こうして時間を経て見てみると日常生活では見えなかったものも見えてきます。あの苦難をともにした子どもたちは確実に成長し、大人になっている――このことが今の私にとって大きな希望となっています。『群青』は明るい未来をうたった歌ではありません。ある種の極限状態からうまれた歌ですから、むしろ暗い歌といった方が正しいと思います。でも『群青』は私とあの時を過ごした子どもたちの絆の歌、絆の証です。ですから、これからも私はあの子たちに「『群青』はあなたたちの歌なんだよ」と伝えていきたいと思います。私の中ではあの時のまま時計が止まっているような気がします。だからきっといつまでも「あれから二年の日が　僕らの中を過ぎて」と歌い続けることでしょう。

「群青の子ら」は今、それぞれの場所でそれぞれの道を歩みはじめています。原発事故後もずっと故郷に留まった子もいます、一度は小高を離れ避難生活を送りながらも心が折れて故郷に帰ってきた子もいます。故郷を離れ、そのまま新しい場所で生活を営み続けている子もいます。『群青』を小高中学校の全員でうたうことはありませんでした。『群青』はみんなが離れ離れになるような状況がなければ生まれてこなかった歌だからです。でも、それでも、小高中学校で一緒に学校生活を送っていた子どもたちは、私にとってみんな「群青の子ら」なのです。私たちの故郷がこれからいったいどうなるのかわかりません。でも、きっとみんなあの「群青」の町で再会したいと願っているはずです。もちろん私も、その中のひとりです。
あの日の花火も、あの日の夕陽も、そしてあの美しい群青色の海もずっと
私たちの心にあの日のままで生き続けているのです。

Harmony for JAPAN 2013での『群青』初演（2013.03.9-10）

# エピローグ
小田美樹と「群青の子ら」が伝えたもの

坂元勇仁

僕が小田美樹さんとお会いするために、初めて南相馬市小高区へと向かったのは、二〇一五年九月十五日のことでした。東京から仙台まで新幹線で行き、仙台から亘理までは常磐線、そして亘理から相馬まで代行バス、さらに相馬から鹿島まで再び常磐線と、とても長い旅だったことが思い出されます。

僕はいったいこれから誰と出会い、何を知り、そこから何を得ることができるのだろうか——と、何から何まで不安な第一歩を踏み出したのです。

それまで小田さんのことはネット上（例えばそれは本山秀毅さんのフェイスブックなどで）にある記事でしか知りませんでした。ですから待ち合わせの場所の鹿島駅改札を出て、初めてお目にかかった時、写真から想像していた小田さんとは若干異なる印象を受けたことを鮮明に覚えています。

動画配信サイトなどで見た『群青』の指揮をしている姿から想像した小田

さんは「強い」人でした。ですから鹿島駅に佇んでいた、にこやかでどことなく茶目っ気のある小田さんの雰囲気に接した時、僕は安堵の思いを抱いたのです。

その日、小田さんの車に乗せてもらい、3・11以降使われなくなった小高中学校本校、そして小高の町を案内してもらいました。当時、小高区は原発事故直後の警戒区域が解除され、避難指示解除準備区域となっていました。ですから、来たるべき完全帰還のための準備として、人の立ち入りはできましたが、まだ宿泊をすることができないという状況でした。

すでに夕暮れ間近の頃合いでしたので、町には街灯が灯っていました。でもそこに点在する家々には明かりはなく、人の気配を全く感じることができない、それは僕にとって初めての体験でした。このように言っていいのであれば、人が不在であることの「恐怖」を生まれて初めて身体全体で感じた瞬間でした。

案内の途中で小田さんが車を停め、指さす方向がありました。小高から続いていているほの暗い道路の向こうに何か別の町のようなものが見えました。

「この道の向こう、もうそこが浪江町なんですよ」

正直なところ、その時まで南相馬市と隣接している町のことや、それぞれの距離感を把握していなかった僕は、その現実にショックを受けました。この道の向こうに帰還困難区域、居住制限区域、避難指示解除準備区域という区分によって町が分断され、復興の道筋すらまだ見えない浪江町がある。そしてここでも町が放射線という眼に見えない「壁」で仕切られ、人々の生活、いや人生が分断されている。南相馬という被災の現場に立つことで、3・11によって引き起こされた原発事故に対する恐れとともに怒りが、これまでとは異なるリアリティを持って僕の身体の中に湧き起こってくるのがはっきりとわかりました。
旧小高中学校の校舎は、僕の目にはポツンと取り残された「少年」のように思われました。友を失い、家族と別れながらもそこに佇んでいることを強いられた少年、そう思えたのです。

僕はこの本を書くために五回、南相馬に足を運びました。その二回目、二〇一六年の一月には当時現役だった小高中学校合唱部の皆さんと会うことができました。メンバーは牛来《ごらい》麗奈さん、松平芽瑠《める》さん、宮崎結花《ゆか》さん、志賀真由さん、金谷彩夏《あやか》さん、渡部怜桃《れも》さんの二年生六名です。この他に当日、会えませんでしたが大和田海斗《かいと》君という男子部員も在籍していました。

――先輩たちと小田先生がつくった『群青』をどんな気持ちでうたってい

るの？

「タイトルが好き、歌詞が好き。自然がいっぱいで山があって、海がある小高の風景が見えてくるから。早く戻りたい」

「川に魚がいっぱい泳いでいる風景、紅梅が咲いている風景を思い出しながらうたっています」

「海の近くに住んでいたので、海の近くを通って学校に通っていました。だから『群青』をうたうといろんな思いが駆け巡ってきて、泣いちゃうこともある」

「おじいちゃん、おばあちゃんの家のことを思い出します。故郷がなくなるということは絶対にだめ、いやだ」

――『群青』って、みんなにとってはどんな存在なの？

「今、会えない人のことを思ってうたう歌。震災や原発事故を体験した人、体験していない人をつなぐ歌」

「うたうことで私たちの気持ちが全国の人たちに伝わる歌。それはとてもいいことだと思います」


——ところで、小田先生ってどんな先生？

「とても私たちのことをよくわかっている先生」

「すごいのはトラブルが起きた時もそうだけど、トラブルが起こる前にそうならないようにする力なんです（笑）」

「なんでもストレートに言ってくれる。全然ねちねちしていない。だから耳じゃなくって、ココロにくるんです」

「小田先生評」を話す時、生徒たちの目は一段と輝きを増しました。ちょっと言いたい放題の感もありましたが、あまり小田さんのことを知らない僕にも、きっとこれは的中なんだろうなと思わせる発言が続きました。わずか二時間ほどの対話でしたが、そこから浮かび上がる生徒たちの故郷に対する愛情や切ない想いに接することは、僕にとっても得がたい時間となりました。

ここまでお読み下さった方は現在、広くうたわれている『群青』が作曲家 信長貴富さんによる編曲バージョンであることはすでにご存じだと思います。信長編曲版の『群青』があったからこそ、『群青』は日本全国に広まった。でも、それでも「群青の子ら」は今でも、オリジナル版に対する強い愛着を持ち続けています。では、信長さんご自身はこのことについてどう考えているのでしょうか。僕は本を書く上でそこを避けて通ることはできないと考え、単刀直入に聞いてみました。

『群青』を初めてハーモニー・フォー・ジャパンで聴いた時、本当にいい曲だなと思いました。もちろん歌詞やメロディもそうだけど、なんというか構造そのものが良くできていて、率直に、機会があったらできるだけたくさんの皆さんに紹介したいと感じたのも事実です。でも、正直、僕自身が編曲するなんて夢にも思いませんでした。ハーモニー・フォー・ジャパンでの初演は会場全体が異様な空気に包み込まれるような感動が襲いました。ですから、編曲して出版し全国に届けたいという気持ちを皆さんが持ったことは当然の流れでしたし、僕もその流れの中で編曲の任を担うことになりました。でも、これは今でもそうなんですが、自分が編曲することで小田先生と生徒たちとの間に割って入ってしまったんじゃないか、そんな気持ちを持っています。もちろんオリジナル版の『群青』が存在する意味と価値もわかっているつもりです。ですから編曲に際しては基本的に調性や構造などは原曲のままにしてあります。僕、冒頭の『ああ』から始まる最初のフレーズが好きなんですよ。

僕が編曲した『群青』が出版されたこともあり、この曲が全国に広がっていることは知っていましたし、それはそれで嬉しかったのですが、僕はできるだけその波から一歩離れたところにいようと心がけました。というのも、震災以降にたくさんの音楽、いわゆる復興支援ソングが生まれましたが、僕はどうもその音楽と物語をパッケージ化する風潮がイヤで、疑問を持っていたからです。もちろん被災された方たちのことを考えると胸が痛みます。でも、それでも僕は『群青』という曲の、作品としての真価を守る立場を堅持したいと思い、今日までやってきました。と言いながら、自作の講習会などでもつい『群青』を紹介してしまうのですけどね（笑）。いずれにしても、『群青』をうたう時は、できるだけ小高の物語から離れて、自分自身のこととして歌を引き寄せてうたってもらえたら、そう願っています」

おそらく信長さんと小田さんが『群青』について深く語り合ったことはないと思います。信長さんにも言葉にすることができない葛藤があったはずです。しかしながら結果的に、僕には信長さんの『群青』に対する想いは小田さんや「群青の子ら」が持つそれに直結しているように感じました。音楽を媒介にして語らずとも通じる想い、その崇高さに僕たちは敬意を抱き、やがて音楽の暖かな懐に包み込まれていく……。きっとふたつの『群青』はこれからも、それぞれの想いの中で生き続けうたい継がれていくに違いありません。

そして『群青』の誕生に際して忘れてはならない曲があります。『あすという日が』です。第一章で語られていますので、この曲の持つ意味はここでは触れません。

『あすという日が』は二〇〇六年八月に大阪で開かれた「第三十回全日本合唱教育研究会全国大会」のために作曲された楽曲でした。詩は山本瓔子さん、曲は八木澤教司さんに依っています。発表された年を見るとわかる通り、この曲は復興ソングに属するものではありませんでした。

全国に知られるようになったのは、仙台市立八軒中学校合唱部が震災直後から避難所でうたい続けてきた様子をＮＨＫのニュースが全国に放送した際、ちょうど『あすという日が』をうたう姿が流れたことがきっかけと言われています。これだけ見ると、ある日、ある時の一瞬が切り取られ、全国に放送として流れた「偶然」の出来事のように思われます。しかし、実はこの『あすという日が』にも運命の悪戯ともいえる秘密が隠されていました。

『あすという日が』にはその基になった曲があります。「教育音楽・中学版」（音楽之友社）一九六六年七月号に掲載された『あすという日があるかぎり』です。詩はもちろん山本瓔子さん、曲は当時中学生用の合唱曲を数多く書いた作曲家 京嶋信さんです。京嶋さんはすでに故人となっています。

この曲はこんな詩でできています。

# あすという日があるかぎり

あすという日があるかぎり
いつかはいい日がやってくる
ホラ あんなに細い枝さえも
おおきな木の実をささえている
あの枝のようにがんばって
しあわせくる日を信じよう

あすという日があるかぎり
いつかはいい日がやってくる

ホラ　あんなに小さな鳥さえも
北風なんかにとばされない
あの鳥のようにほがらかに
しあわせくる日を信じよう

あすという日があるかぎり
いつかはいい日がやってくる
ホラ　あんな枯れた草さえも
ふまれたあとから芽ぶいてる
あの草のように元気よく
しあわせくる日を信じよう

今からちょうど五十年ほど前の作品です。どことなく『あすという日が』に通じるテイストを感じますが、まだ時代は高度成長の真っ只中、これから果てしもない成長へと向かう機運のようなものも表現されています。

しかし時代は下り、学校では多発するいじめやそれによる自殺が取りざたされるようになりました。そこで山本さんは何とか詩で子どもたちの悲劇を救いたいと思い立ちます。その時に下敷きとしたのが、『あすという日があるかぎり』の三番の歌詞でした。山本さんは精魂込めて言葉を書きつづりました。そして完成したのが『あすという日が』です。今から約二十年前のことだったと山本さんは回想します。つまり『あすという日が』は山本さんが自身の旧作をモチーフに、子どもたちの命を守りたいという強い願い、そして使命感をうたい上げた生命への賛歌だったのです。

でも、『あすという日が』が注目されたのは山本さんがその詩を書いたずいぶん後のこと、詩集『しあわせの角度』（新風舎：二〇〇三年）に収められ、いろいろな人の目に留まるようになってからです。何度か曲が付けられ発表もされました。もちろんその時は震災後のような大きな反響を呼ぶことはありませんでした。そしてやがて、『あすという日が』が八木澤教司さんの手にわたり、現在広くうたわれている『あすという日が』が誕生します。

このことを山本瓔子さんへの取材を通して知った時、僕は身体中に鳥肌が立つような思いがしました。「偶然」の出来事と考えていたことの裏に、作家の魂が時を経て伝播していく様を見たからです。音楽の仕事に携わっている者として、作品が生まれてきた背景を知り、その根底にある思想について考えることを決して疎かにしてはいけないということを改めて教えてもらった気がします。『群青』はある意味で『あすという日が』を否定するところから、その作品づくりがスタートしました。でも時代や環境は異なっていても、このふたつの作品の根底には、子どもたちへの真摯なるまなざしが共通して存在しており、お互いが目に見えない絆で結ばれているように僕には思えて仕方ないのです。

『あすという日があるかぎり』は後に詩集『笹舟』(栄光出版：一九七二年)に収められました。

ところで僕たちはここまで「群青」という言葉をずっと使い、小高という町とこの色を結びつけてきました。実際に小高中学校の文化祭は群青祭、野球チームも小高群青クラブと名づけられていて、群青というカラーはこの小高の町ではそのゆるぎない地位を築いていています。でも、この「群青」というカラーはいったい、いつ小高と一体となったのでしょうか。

二〇一三年に発表された『群青』の楽譜の前書きに小田さん自身が書かれているように、小高は実は「紅梅の里」として知られ、小高中学校もその紅梅の色をイメージしたエンジ色がスクールカラーとして定着していたというのです。同じ小田さんの文章の中にこんな指摘がありました――「しかし校歌に『浪群青に躍るとき』いう一節があることから」。僕はあらためて小高中学校の校歌を調べてみました。確かに小田さんの指摘された歌詞が二番にあったのです。

東はてなき 太平洋
浪群青に 躍るとき
胸もゆたかな 若人が
渚にうたう 明日の歌

詩を書いたのは和田甫《はじめ》さん、作曲は天野秀延さん。天野さんについては島尾清助さんが『証言』（一一三ページ）の中で小高の偉人のひとりとして語っていらしたので記憶していただいているかと思います。和田甫さんは一九〇一年に現在の相馬市に生まれ、東北帝国大学法文学部を卒業し、のちに福島県女子師範学校や福島大学で教鞭を取られた方です。定年退職後は一九七二年に福島県知事選に立候補したという経歴も持っています。和田さんも郷土が生んだ偉人のひとりと言っても過言ではないでしょう。

その校歌ですが、現在の小高中学校に統合する前の小高中学校、金房中学校、福浦中学校（この三校が統合され現在の小高中学校になりました）、小高小学校、金房小学校、福浦小学校、鳩原小学校の校歌や小高町民の歌などを調べてみましたが、どこにも「群青」の文字を見つけ出すことはできませんでした。また小高地区の他の校歌などにも「群青」という言葉はありませんでした（ちなみにこの地区の校歌のゴールデンコンビと言えば天野秀延さんと小高が生んだ俳人 豊田君仙子さんですが、和田さんも福島県出身の国民的作曲家 古関裕而さんらと組んで数多くの校歌を制作しています）。

つまり校歌という、その学び舎や地域の文化や伝統を凝縮しているであろう歌の中で、「群青」という言葉を見い出せるのは小高地区の中では小高中学校校歌のみだったのです。僕はいろんな方に「どうして小高が群青というカラーと深く結びついているのですか？」と尋ねてみましたが、ほとんどの人は「どうしてだろうね」「前からそう呼んでいるからね」と首をひねるだけでした。今となっては和田さんにこのことを伺うこと自体叶わないのですが、本当に「群青」の始まりは和田さんが作詞した校歌だったのでしょうか。もしそうだとしたら今、小高の町がこれほどまでに群青に染まっていることや、この町で生まれた『群青』という歌が全国に広がっていることを和田さんはどんな風に思うのか尋ねてみたい、そう思います。なぜならたったひとつの言葉が人を、町を、そして全国を、歌を通して結びつけたのですから。

東日本大震災とそれによって引き起こされた原発事故によって数多くの人たちの人生が変わりました。最も心が痛むことは、生まれ育った故郷から離れざるを得なくなった人たちが今もなお、全国に散らばり、また仮設住宅という「仮の住まい」での生活を強いられていることです。島尾清助さんがこう話されたことがあります。「俺がまだ仮設住宅にいる頃、たくさんのボランティアの方が訪ねてきてくれたんだけど、彼らはみんな、『何か困ったことはありませんか？』って聞くんだよね。で、俺言ったの、『俺が困っているものはね、自分の意思でここ（仮設住宅）にいるんじゃなく、国や自治体からの要請でここにいる。自分の意思で自由に生活することができない、それが一番なんとも言えないくらい困っていることだ』って」。僕はその話を聞いてただ首をうなだれるしかありませんでした。

小田さんの話の中に、もともと福島の人たちは強烈な郷土愛を持っているのではない。今回、「失って初めて」故郷への愛を認識したのではないか、そんな話がありました。そのことは何となくわかるような気がします。生まれた場所は違いますが、僕自身、故郷に背を向けて東京での生活を始めましたが、そこには郷土愛なんてかけらもありませんでした。でも、長い人生の中で時に傷ついたり、疲れてぺちゃんこになった時、それを受け止め、励まし力を与えてくれる場所、それが故郷なのではないか、今はつくづくそう感じます。でも、故郷そのものに自由に立ち入ることもできず、

自分の生まれ育った場所に戻ることができなくなった時、人はどうすれば故郷に代わるものを持つことができるのでしょうか。故郷を持つこと、もしそれが人が持つ権利であり尊厳であるとするならば、僕たちが犯した罪の大きさは計り知れないものなのです。

もうひとつこの取材を通して感じたことがあります。それは人と人との距離感や関係性の変化です。

現役の小高中学校合唱部員の皆さんにインタビューしている時のことです。僕が将来の夢について尋ねた時、ある生徒はあまり「夢」を語りたがりませんでした。「希望、ないの?」と尋ねると、「あるんだけど……」と答えます。そんなやりとりが少しあった後、ようやく彼女は美術系の学校に進みたいという夢を話してくれました。「震災の時、親たちが将来に対して大きな不安を抱えて生きているのを見てきました。とても大変そうだった。だから軽々しく自分の夢を言えなくなった。それに絶対に反対されるし」。この子たちは本来であれば躊躇することなく語れた夢の断片すら親に語ることもできず、その入り口にすら立つことができないでいる。このことは僕にとってショッキングな出来事でしたが、僕は後に今、被災地ではこのような子どもたちが増え、社会問題になっていることを知りました。

一方で親からはどのように見えていたのでしょうか。「群青の子ら」の保護者から聞いた話です。

「子どもが親の顔を見て行動するようになった」

子どもは親が苦しむ姿を見て心を痛め、口を閉ざす。その姿は親から見ると子どもたちが親の顔を見て行動しているように見える。何という悲しみでしょうか。

でも、その保護者はこう続けました。

「いや、でも合唱部があって良かったよ。三年の夏は受験のこともあったから心配だったけど、でも夏休みが明けた時、確かに子どもとの距離は縮まっていたからね。あの時、家族より長く濃密な時間を過ごしてくれた小田先生に感謝しています」

二〇一一年の四月からほとんど一年間、学校の授業が成立しなかったと小田さんが語っていました。でも、もしかすると家族にすら本当の自分をさらけ出すことができなくなった子どもたちにとっては、学校が唯一、自己表現の場として存在していたのではないかと、痛切に感じるのです。

3・11によってもたらされた教訓――それは福島や東北一帯で起こったことは決して東北だけのものではなく、今日にでも明日にでも僕たちにも起こることであり、誰もが当事者になり得るのだということを考えて生きていかなくてはならないということではないでしょうか。小田さんが僕にこう語ったことがあります。「実は、前任校が原発の町に近いところだったのですが、その時よく校庭で四つ葉のクローバーを見かけたんですね。噂では染色体の異常だということでしたが、幸せの象徴としか思っていませんでしたから喜んで見ていました。どうして、あの時わからなかったのでしょうね」と。僕には四つ葉のクローバーと原発との関係を詳《つまび》らかにすることはできませんが、どうしても校庭に息づく四つ葉クローバーと、被災地に生きる人たちの生き様とを重ねて見てしまうのです。それはいわば、極限の状態の中にあっても人が覚悟と勇気を持って生き続け、決して希望を失わず、耐え続けるギリギリの姿と言ってもいいでしょうか。『群青』もまた、極限の状態の中で生まれ、希望を伝え続けた歌として、これからもうたい継がれていくに違いありません。

取材の終わりに小田さんにこれからの夢について尋ねてみました。小田さんはこう答えました。「一度、海外派遣に応募してみたいと思っているんです。海外の日本人学校で教えて、生活をしてみたい。そして、どこにいても闘わない音楽がやりたいですね。そして私、海外で日本を恋しく思いたい」。

『群青』は生きるために闘うことを余儀なくされた小田さんと「群青の子ら」が絆を結び合いながら作った歌です。そして『群青』にはふたつの『群青』があることも僕たちは知っています。でも、正直に書くと僕自身、このふたつの『群青』がお互いをどのように補完しあいながら存在しているのか、本当のところ、ずっとわからずにいました。その答えの発端を与えてくれたのが、取材当時は中学三年生で、現在は原町高等学校で学ぶ牧野智史君でした。

ふたつの『群青』のことについて尋ねた時、彼はこう答えてくれました。

「オリジナル版の『群青』は僕にとって先輩たちからのメッセージです。そして編曲された『群青』、これはいろいろな人たちの眼が入ることで広がる力を持った音楽だと思っています」。

この言葉を聞いた時、僕の前に垂らされていた無数の糸が、結び合い、寄り添ってひとつの線となったような気がしました。

＊＊＊

この本は二〇一五年の春にパナムジカの服部敏さんと東京でお会いした時、「ちょっと相談が」と言われたことからスタートしました。相談というのは合唱曲『群青』の本を作りたいと思うのだけど手伝ってくれないかという趣旨でした。正直なところ、どうして服部さんが僕に声をかけて下さったのか、今になってもよくわからないのですが、とにかくそんなことがあったのです。僕はというと、もちろん『群青』という曲が大変評判になっていることは知っていましたが、ほとんどと言っていいほど、曲についての知識はありませんでした。ですからあの時、僕はお断りしようと考えていました。少しずつ気持ちが変わったのは本山秀毅さんのフェイスブックの投稿の中に、小田美樹さんが僕の恩師でもある藤原義久さんの教え子であり、また本山さんご自身も藤原さんの作品を取り上げたご経験があることを知ってからでした。もしかしたら「藤原先生」というフィルターを通して見ることで、僕にできることがあるかもしれない、そう思い始めたのです。

でも完成させる自信は全くありませんでした。その証拠に、その年の夏から南相馬に向かい取材を繰り返してきましたが、ただの一文字も書けない状態が続きました。どうして素材はいっぱいあるのに書けないのか、さっぱりわからず無駄に時間だけが進んでいきました。今振り返ると、僕の生来のなまけ癖に加えて、東日本大震災とそれに続く原発事故によって引き起こされた苦しみに対してほとんど「リアリティ」を感じずにきた自分が、あたかもわかったような顔をして文字を連ねることに、手が身体が拒否していたのではないか、そう思うのです。本当に空しい日々でした。でも、書かなきゃいけない、書くべきこともたくさんある。

苦しみぬいた末に僕が考えたことは、これまで取材でお会いした方たちの言葉を素直に伝えることに徹するということでした。こんな当たり前のことがわからなかったし、わかろうともしなかった。でもそれほどまでに緊張を強いられる仕事でした。

小田さんへの取材は十数時間の音声データとして残されています。でも、あくまでもそれは対話としての音声であり、まだそこに音楽は介在していませんでした。僕が小田さんと小高中学校合唱部の演奏を生で聴いたのは、昨年（二〇一六年）のハーモニー・フォー・ジャパンが最初でした。ですからピアノを前にした小田さんを目にしたのもその日が初めてだったのです。その時、僕は言葉に言い表せないほどの衝撃に震えたのです。もちろん小田さんが弾くピアノの「音」にです。力強さ、奥行き、そして繊細さ、優しさ、それらが混然一体となった音。これが小田さんの音、そして『群青』を作り上げた音なんだ、そう思うとすべてが納得できたのです。小田さんはこの音で子どもたちをここまで引っ張ってきた。

『群青』は、小田さんが子どもたちのために書いた『エレミヤの哀歌』だったのではないだろうか――。

それが僕が到達したひとつの答えでした。舞台にあったのは鹿島駅で僕の到着を待って下さっていた、小柄でニコニコとほほ笑んだ小田さんの姿ではありませんでした。

小高区は原発事故（東京電力福島第一原子力発電所におけるレベル七の事故）によって警戒区域に指定された地域でした。その指示は二〇一六年七月十二日に解除されました。でも原発事故前に一万二八四二人いた人口のうち現在帰還している人は一〇九四人に過ぎません（二〇一七年一月十二日現在）。この春には小高工業高等学校と小高商業高等学校が統合され、新たに「福島県立小高産業技術高等学校」が開校する予定ですので、ある程度、人の動きが活発になるはずですが、でも町には依然、学校の再開が先か、まずは町の復旧が先かといった議論が起こっています。実際、除染や放射線量など、生活する上での重要な問題が根本的に解決されないままの状態の町に戻ることに、懸念を示している方たちが数多くいることを忘れてはならないのです。

「私にとっての故郷は、何かを見てきれいだと思ったり、何かを聴いて美しいと感じたりする、私の根っこのようなものを作ってくれたところです。私は故郷がこのような状態になり、あらためて自分の育った場所を強く想うようになりました。そういう感覚が誰にでもあるように、皆さんにもそういう場所があります。そして、皆さんにもご自身のそういう場所に想いを馳せ、大切にして欲しいと思っています」

これは今、東京でラヴ・フォー・フクシマという小さな会を主宰している詩人の星梨津子さんがその会で語った言葉です。星さんは小高に隣接する浪江町の出身です。震災後、たくさん語られた言葉の中で、特に心に残る言葉でした。『群青』はまさに、小高に生き、何かを見てきれいだと思い、何かを聴いて美しいと感じた人たちの想いが結晶した作品なのです。

この本は度重なる取材にも快く応じていただき、たくさんのお話を聞かせて下さった小田美樹さんや「群青の子ら」の皆さん、当時まだ現役だった小高中学校合唱部の皆さんなど多くの方たちのお力添えで完成しました。なかでも島尾清助さんには小高という町の歴史や風土について、とても貴重なお話を伺うことができ、この本に奥行きを与えていただきましたことに感謝を申し上げたいと思います。この本が合唱曲『群青』のこと、また被災地のことを知る上で参考となり、日々薄れゆく復興支援への想いを今一度、奮い立たせるために少しでもお役に立つなら筆者としてこの上ない喜びです。最後になりましたが、僕に『群青』に向かう機会を与えて下さった株式会社パナムジカの吉田健太郎社長をはじめとするパナムジカの皆さんに心からの御礼を申し上げます。ありがとうございました。

坂元勇仁

二〇一七年一月十三日　東京・世田谷にて

# Harmony for JAPANの歩み

Harmony for JAPAN（HfJ）は、東日本大震災で被災された地域の合唱活動に特化して、復興支援を行う社団法人として2011年に設立。毎年3月に復興支援コンサート「Harmony for JAPAN」を開催するほか、東北の合唱団への演奏会支援、合唱指導者の派遣、合唱作品の委嘱・出版などの活動を行っています。

## 代表理事メッセージ

東日本大震災の直後、「合唱王国東北」に早く歌声を取り戻さなければという思いを持った私は、水や飲み物をトラックに積み、800kmをひたすら走り東北を目指しました。しかし、そこで見聞きした被災地の姿は「とても文化を取り戻すどころではない」という打ちのめされるものでした。

その後暫くは何も手に付かないほどでしたが、やはり「何かをしなければ」という思いに突き動かされ、本山先生をはじめ現理事の方々に相談をし、合唱に特化した復興支援団体「ハーモニー・フォー・ジャパン」を立ち上げました。

多くの方々のご支援ご協力のお陰で、我々の「するべきこと」もゆるぎないものとなり、この縁で広がった「群青」という宝物も得ることが出来ました。

「ハーモニー・フォー・ジャパン」の目標は東北の合唱復興です。

その日を夢見て、これからも前に進んでいきたいと思います。

一般社団法人Harmony for JAPAN 代表理事 吉田健太郎

一般社団法人Harmony for JAPAN
代表理事：吉田健太郎（株式会社パナムジカ代表取締役）
理　　事：辻 秀幸（声楽家・洗足学園大学客員教授）
永井英晴（合唱指揮者・京都府合唱連盟理事）
本山秀毅（合唱指揮者・大阪音楽大学教授）
吉田功弥（全日本合唱連盟東北支部事務局長）
（五十音順）

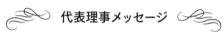

【 演奏会 】

Harmony for JAPAN in 長岡京（2012.3.11）
Harmony for JAPAN in 京都（2012.3.11）
Harmony for JAPAN 2013（2013.3.9-10）
Harmony for JAPAN 2014（2014.3.8-9）
Harmony for JAPAN 2015（2015.3.7-8）
Harmony for JAPAN 2016（2016.3.5-6）
Harmony for JAPAN 仙台特別演奏会（2016.3.27）
Harmony for JAPAN 2017 in 茨木（2017.3.4-5）

【 委嘱・出版活動 】

楽譜集『Harmony for JAPAN Choral Collection』の出版
『群青』の合唱編曲を信長貴富氏に委嘱
『A flower remembered（永遠の花）』の委嘱（作詞・作曲 J.ラター）
『歌になりたい』の委嘱（作詞 一倉宏・作曲 信長貴富）

## 募金のお願い

一般社団法人 Harmony for JAPAN では、東北の合唱文化の復興に、特化して支援をするための募金を募ります。合唱を愛する人達の、音楽で繋がる復興支援が実を結びますよう、どうかご協力宜しくお願い致します。

ジャパンネット銀行
すずめ支店　普通　5914201
一般社団法人Harmony for JAPAN
シャ）ハーモニーフォージャパン

一般社団法人 Harmony for JAPAN
〒617-0843 京都府長岡京市友岡4-14-10
TEL　080-4232-8762
URL　http://www.harmonyforjapan.com
facebook https://www.facebook.com/HarmonyforJapan/

<table>
<tr><th>年</th><th>小高中学校の動き</th><th>Harmony for JAPAN の動き</th><th>その他の震災関連の動き</th></tr>
<tr><td>2011</td><td>3・11 卒業式</td><td></td><td></td></tr>
<tr><td>2011</td><td colspan="3">3・11 東北地方太平洋沖地震発生（14時46分） 南相馬市：震度6弱 南相馬市への津波第1波到達確認（15時40分） 最大波7.3メートル以上</td></tr>
<tr><td>2011</td><td colspan="3">3・12 東京電力福島第1原子力発電所（以下、福島第1原発）10㎞圏内避難指示［小高区の一部含］（05時44分）<br>福島第1原発1号機事故発生（15時36分） 福島第1原発20㎞圏内避難指示［小高区・原町区の一部］（18時25分）</td></tr>
<tr><td>2011</td><td colspan="3">3・15 福島第1原発20～30㎞圏内屋内退避［小高区・原町区・鹿島区の一部、飯舘村の一部］</td></tr>
<tr><td>2011</td><td></td><td></td><td>3・23「がんばろう！日本」をスローガンに、選抜高校野球大会開幕</td></tr>
<tr><td>2011</td><td></td><td></td><td>4・1 震災の名称が東日本大震災に決定</td></tr>
<tr><td>2011</td><td>4・22 鹿島中学校へ移転し、新学期開始</td><td></td><td></td></tr>
<tr><td>2011</td><td colspan="3">4・22 福島第1原発20㎞圏内を「警戒区域」に設定 福島第1原発20～30㎞圏内の「屋内退避」を解除し、「計画的避難区域」［飯舘村全域・南相馬市の一部］と「緊急時避難準備区域を」設定</td></tr>
<tr><td>2011</td><td></td><td>5・17 一般社団法人Harmony for JAPAN設立</td><td></td></tr>
<tr><td>2011</td><td></td><td></td><td>6・24 復興基本法成立</td></tr>
<tr><td>2011</td><td></td><td></td><td>6・26 平泉が世界遺産に登録</td></tr>
<tr><td>2011</td><td>9月 合唱部 再開</td><td></td><td>9・30「緊急時避難準備区域」解除</td></tr>
<tr><td>2011</td><td>11・21 鹿島小学校内仮校舎へ移転</td><td></td><td></td></tr>
<tr><td>2011</td><td>12・10 福島県声楽アンサンブルコンテスト出場</td><td></td><td>12・21 JR常磐線原ノ町～相馬間運行再開</td></tr>
<tr><td>2012</td><td>1・12 本田武久 来校コンサート</td><td></td><td>1・1 放射性物質汚染対処特措法全面施行</td></tr>
<tr><td>2012</td><td></td><td></td><td>2・8「スパリゾートハワイアンズ」全館営業再開</td></tr>
<tr><td>2012</td><td></td><td></td><td>2・10 復興庁発足、復興局（岩手、宮城、福島）設置</td></tr>
<tr><td>2012</td><td></td><td>3・1 楽譜集『Harmony for JAPAN Choral Collection』出版</td><td></td></tr>
<tr><td>2012</td><td></td><td>3・11「Harmony for JAPAN in 長岡京」「Harmony for JAPAN in 京都」</td><td></td></tr>
<tr><td>2012</td><td>3・15 卒業式</td><td></td><td>3・30 福島復興再生特別措置法成立</td></tr>
<tr><td>2012</td><td></td><td>4・13 東日本大震災復興支援プロジェクト「♪岩手で♪歌おう！共に！」支援（盛岡）</td><td>4・16「警戒区域」を解除（避難指示解除準備区域、居住制限区域、帰還困難区域に再編）（南相馬市）</td></tr>
<tr><td>2012</td><td></td><td>4・30「東北復興大合唱祭」支援（仙台）</td><td></td></tr>
<tr><td>2012</td><td></td><td></td><td>7・13 福島復興再生基本方針閣議決定</td></tr>
<tr><td>2012</td><td></td><td></td><td>7・28 相馬野馬追、2年ぶりに通常開催</td></tr>
<tr><td>2012</td><td>9・1 NHK全国学校音楽コンクール福島県コンクール出場</td><td></td><td></td></tr>
</table>

| | | | | |
|---|---|---|---|---|
| （2012） | 9・1 本山秀毅 facebookに投稿 | | | 12・16 第46回衆議院議員選挙　政権交代 |
| 2013 | 2・8 本山秀毅　来校<br>3月初旬『群青』オリジナル版完成<br>3・13 卒業式にて、『群青』演奏 | 3・9〜10「Harmony for JAPAN 2013」『群青』初演 | 8・10『群青』楽譜出版 | 1・6 NHK大河ドラマ「八重の桜」放送開始<br>2・1 福島復興再生総局設置<br>4・1 NHK連続テレビ小説「あまちゃん」放送開始<br>4・20 復興のシンボル「はるか」桜の植樹式開催<br>5・10 福島復興再生特別措置法の改正<br>5・24 三陸復興国立公園を創設<br>8・30 気象庁「特別警報」の運用を開始<br>11・3 東北楽天イーグルス日本シリーズ優勝 |
| 2014 | 3・13 卒業式にて、『青の絆』演奏<br>8・31 24時間テレビ「愛は地球を救う」で紹介 | 3・8〜9「Harmony for JAPAN 2014」『青の絆』初演 | 8月『永遠の花』楽譜出版<br>9・1『群青』CDリリース | 4・29 東京ガールズコレクションin福島2014が郡山市で開催<br>6・1 JR常磐線広野〜竜田駅間運行再開（避難区域内での鉄道再開は初） |
| 2015 | 3・13 卒業式にて、『青の軌跡』演奏 | 3・7〜8「Harmony for JAPAN 2015」『青の軌跡』初演 | 7・19〜20「歌の絆より強く！ in 宮古」支援<br>8月 本山秀毅をいわき市、会津若松市、南相馬市、陸前高田市へ派遣<br>10・10「復興の詩プロジェクト」支援（仙台） | 3・14〜18 国連防災世界会議が仙台市で開催<br>3・21 JR石巻線全線運行再開<br>5・30 JR仙石線全線運行再開、仙石東北ライン開業 |
| 2016 | 4・1 小田美樹　相馬市立向陽中学校へ転任 | 3・5〜6「Harmony for JAPAN 2016」『青の三部作』演奏 | 3・27「Harmony for JAPAN 仙台特別演奏会」<br>7月 本山秀毅をいわき市へ派遣<br>10・20『歌になりたい』楽譜出版 | 4・14 熊本地震<br>7・12 JR常磐線小高〜原ノ町間運行再開 |
| | 7・12 南相馬市（一部を除く）の避難指示の解除 | | | |

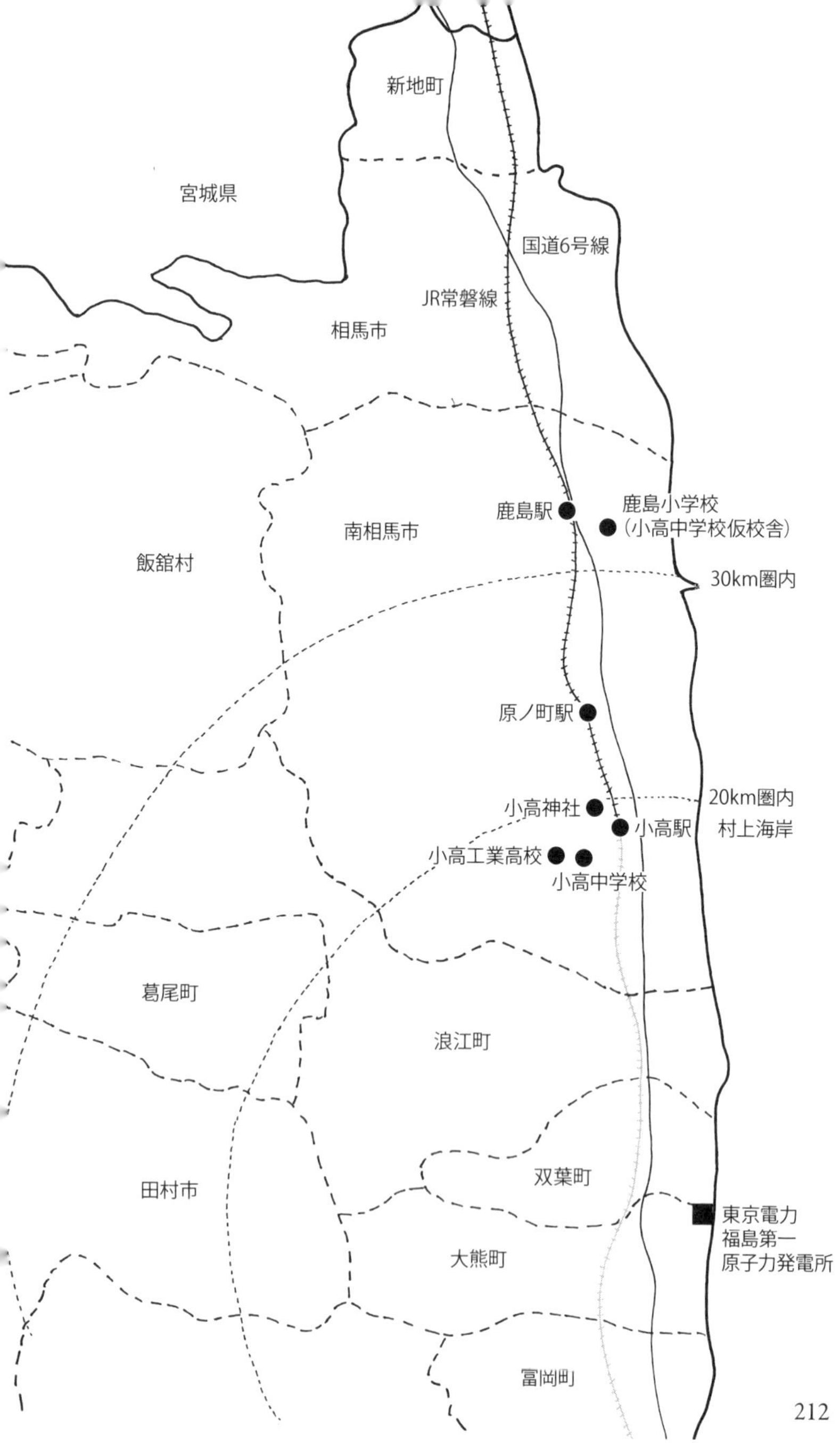
新地町
宮城県
国道6号線
JR常磐線
相馬市
鹿島駅
鹿島小学校
（小高中学校仮校舎）
南相馬市
飯舘村
30km圏内
原ノ町駅
20km圏内
小高神社
小高駅
村上海岸
小高工業高校
小高中学校
葛尾町
浪江町
双葉町
田村市
東京電力
福島第一
原子力発電所
大熊町
富岡町

●プロフィール

## 本山秀毅（もとやま・ひでき）

1960年9月29日生まれ。京都市立芸術大学、フランクフルト音楽大学合唱指揮科卒業。バッハの教会音楽を中心に演奏活動を続ける。合唱音楽全般の普及についても意欲的で、合唱指導法、指揮法などの講師、コンクールの審査員などを務める。また管弦楽つきの合唱作品の合唱指導、プロの声楽アンサンブルにおける指揮、バロック期の劇音楽作品の上演など活動は幅広い。現在、大阪音楽大学教授、びわ湖ホール声楽アンサンブル専任指揮者。一般社団法人Harmony for JAPAN理事。京都バッハ合唱団主宰。著書に『喝采、その日その日。うたごころの現場から』（パナムジカ／2017）

## 芹沢功太（せりざわ・こうた）

1998年2月9日生まれ。小高中学校、小高工業高等学校卒業。小高中学校時代は野球部を経て合唱部に参加。男声パートの中心として活躍した。高校卒業後、2016年4月より相馬市の建設関連会社に勤務している。

## 中島鈴奈（なかじま・れいな）

1998年2月22日生まれ。小高中学校、小高商業高等学校卒業。小高中学校時代は合唱部の副部長を務め、震災後はその存続に大きな力を注いだ。現在は動物看護師を目指し、仙台市の専門学校で学んでいる。

## 藤原義久（ふじはら・よしひさ）

1939年1月25日生まれ。東京藝術大学作曲科及び同専攻科卒業、パリ音楽院に学ぶ。山形大学名誉教授。小田美樹氏は山形大学在学中、藤原氏のもとで学んだ。東日本大震災をきっかけに、女声合唱のための『弔鐘が鳴って…』と、カンタータ『別れの時に～雨上がりの夜のレクイエム～』を作曲し、発表した。

## 島尾清助（しまお・せいすけ）

1946年9月20日生まれ。小高中学校、双葉高等学校卒業。小高商工会などの勤務を経て、家業である島尾魚店を継ぐ。現在、居酒屋「島魚」を経営。東日本大震災後の語り部としての活動にも精力を注ぐ。作家の島尾敏雄氏は実父の従兄弟にあたる。

## 齋藤舞子（さいとう・まいこ）

1997年5月24日生まれ。小高中学校、小高商業高等学校卒業。小高中学校時代は合唱部の部長を務め、震災後はその存続に大きな力を注いだ。現在は看護師を目指し、相馬市の看護学校で学んでいる。

## 坂元勇仁（さかもと・ゆうじ）

レコーディング・ディレクター。1961年、鹿児島市生まれ。学習院大学文学部哲学科及び同大学院人文科学研究科博士前期課程哲学専攻修了。日本現代音楽協会創立60周年記念「東京現代音楽祭」アシスタント・プロデューサー、ビクターエンタテインメント株式会社ディレクターを経て、2005年に有限会社ユージンプランニングを設立し現在に到る。主な制作作品として『原典による 近代唱歌集成 誕生・変遷・伝播』『アジアの音楽と文化』（ともにビクターエンタテインメント）などがある。また、ディレクターを担当した『漆原啓子&漆原朝子 無伴奏ヴァイオリン・デュオ』（日本アコースティックレコーズ）が平成26年度文化庁芸術祭レコード部門優秀賞を受賞した。共著に『はじめてのインターンシップ仕事について考えはじめたあなたへ』（アルテスパブリッシング）がある。現在、有限会社ユージンプランニング 代表取締役、音職ドットコム有限責任事業組合代表組合員、大阪芸術大学客員教授を務めている。

## 小田美樹（おだ・みき）

山形大学教育学部中学校教員養成課程卒業。1997年より山形市内中学校で教鞭をとり、1999年より福島県の中学校教員となり、現在に至る。2011年3月、当時勤務していた南相馬市立小高中学校で東日本大震災を経験する。現在、相馬市立向陽中学校勤務。

【撮影】
井上千歌（カバー、p8、p16、p22、p30、p68、p104、p117、p123、p158、p192、p206）
榎田創介（p94、p142）

【写真提供】
ボイス・シャープ（p40）
株式会社フォトライフ（p48）
うつくしま VST 相双ビューロー（p62）
相馬野馬追執行委員会（p106）
株式会社大阪フォトサービス（帯、P168）

【引用】
『エレミヤの哀歌』の歌詞（p46）は一般財団法人日本聖書協会刊「新共同訳聖書」より引用

【参考資料】
「小高町史」小高町教育委員会編纂、小高町刊（1975 年）
「折りゝの和田甫」「和田甫先生に感謝する集い」実行委員会刊（1989 年）
「東日本大震災記録写真集」福島県（2016 年）
「南相馬市災害記録誌」南相馬市ホームページ
「震災伝承館年表」国土交通省東北地方整備局震災伝承館ホームページ

# 明日《あした》も会えるのかな？
## 群青　3.11が結んだ絆の歌

2017年3月4日 初版第一刷発行

著者　坂元勇仁《さかもとゆうじ》

監修　一般社団法人 Harmony for JAPAN
協力　小田美樹、本山秀毅

発行者　吉田 健太郎
発行所　株式会社パナムジカ
〒617-0843　京都府長岡京市友岡 4-14-10
Tel 075-955-8762
Fax 075-951-8762
E-mail office@panamusica.co.jp
http://www.panamusica.co.jp
印刷・製本 平河工業社
編集　井上勢津（株式会社ノルディックカルチャージャパン）
リサーチ・進行管理　岸まゆみ（有限会社ユージンプランニング）
装丁　高橋里佳（有限会社ザップ）

ISBN 978-4-86604-041-7　　Printed in Japan

日本音楽著作権協会（出）許諾第1701241-701号

---

# 「群青」をあなたも歌ってみませんか?

# パナムジカの「群青」シリーズ

東日本大震災を原因に起こった原発事故のため避難を余儀なくされた福島県南相馬市立小高中学校の生徒たちが、離ればなれになった友への想いや、ふるさとでの再会への決意を歌にした絆のうた。

この曲は決して単なる卒業ソングではない。別れを告げることも、再会を誓うことも出来ないままそれきりになった友たちへの心からのエールである。故郷と友、そしてそこで過ごした時間に思いを寄せる「真実のうた」である。真実の中から生み出された言葉と音楽は、どのような創作にも勝り、高い純度を持っている。

本山秀毅

## 青の三部作

### ―群青・青の絆・青の軌跡 オリジナル版楽譜集―

初演時に観客を感動の渦に巻き込んだもうひとつの「群青」がここに!
「群青」オリジナル版の楽譜に加え、「青の三部作」と呼ばれる「青の絆」「青の軌跡」の楽譜も合わせて収めた完全版。

A4判・28頁
定価［本体900円+税］
ISBN 978-4-86604-044-8

合唱楽譜専門店 パナムジカ
PANAMUSICA
〒617-0843 京都府長岡京市友岡4-14-10
TEL 075-955-8762 FAX 075-951-8762
http://www.panamusica.co.jp